U0642345

湘西苗族
民间传统文化丛书
【第三辑】

汉译
苗师通鉴
【第一册】

石寿贵 ◎ 编

中南大学出版社
WWW.csupress.com.cn

出版说明

罗康隆

少数民族文化是中华民族宝贵的文化遗产，是中华文化的重要组成部分，是各民族在几千年历史发展进程中创造的重要文明成果，具有丰富的内涵。搜集、整理、出版少数民族文化丛书，不仅可以为学术研究提供真实可靠的文献资料，同时对继承和发扬各民族的优秀传统文化，振奋民族精神，增强民族团结，促进各民族的发展繁荣，意义深远。随着全球化趋势的加强和现代化进程的加快，我国的文化生态发生了巨大变化，非物质文化遗产受到越来越大的冲击。一些文化遗产正在不断消失，许多传统技艺濒临消亡，大量有历史文化价值的珍贵实物与资料遭到毁弃或流失境外。加强我国非物质文化遗产的保护已经刻不容缓。

苗族是中华民族大家庭中较古老的民族之一，是一个历史悠久且文化内涵独特的民族，也是一个久经磨难的民族。纵观其发展历史，是一个不断迁徙与适应新环境的历史发展过程，也是一个不断改变旧生活环境、适应新生活环境的发展历程。迁徙与适应是苗族命运的历史发展主线，也是造就苗族独特传统文化与坚韧民族精神的起源。由于苗族没有自己独立的文字，其千百年来的历史和精神都是通过苗族文化得以代代相传的。苗族传统文化在其发展的过程中经历的巨大的历史社会变迁，在一定程度上影响了苗族传统文化原生态保存，这也就使对苗族传统文化的抢救成了一个迫切问题。在实际情况中，其文化特色也是十分丰富生动的。一方面，苗族人民的口头文学是极其发达的，比如内容繁多的传说与民族古歌，是苗族人民世世代代的生存、奋斗、探索的总结，更是苗族人民生活的百科全书。苗族的大量民间传说也是苗族民间文学的重要组成部分，它所蕴含的理论价值体系是深深植入苗族社会的生产、生活中的。另一方面，苗族文化中的象形符号文化也是极其发达的，这些符号成功地传递了苗族文化的信息，从而形成了苗族文化体系的又一特点。苗族人民的生活实践也是苗族传统文化产生的又一来源，形成了一整套的文化生成与执行系统，使苗族人民的文化认同感和族群意识凸显。传统文化存在的意义是一种文化多元性与文化生态多样性的有机结合，对苗族文化的保护，首先就要涉及对苗族民间传统文化的保护。

《湘西苗族民间传统文化丛书》立足苗族东部方言区，从该方言区苗族民间传统文化的原生性出发，聚焦该方言区苗族的独特文化符号，忠实地记录了该方言区苗族的文化事实，着力呈现该方言区苗族的生态、生计与生命形态，揭示出该方言区苗族的生态空间、生产空间、生活空间与苗族文化的相互作用关系。

本套丛书的出版将会对湘西苗族民间传统文化艺术的抢救和保护工作提供指导，也会为民间传统文化艺术的学术理论研究提供有益的帮助，促进民间艺术传习进入学术体系，朝着高等研究体系群整合研究方向发展；其出版将会成为铸牢中华民族共同体意识的文化互鉴素材，成为我国乡村振兴在湘西地区落实的文化素材，成为人类学、民族学、社会学、民俗学等学科在湘西地区的研究素材，成为我国非物质文化遗产——苗族巴代文化遗产保护的宝库。

（作者系吉首大学历史与文化学院院长、湖南省苗学学会第四届会长）

《湘西苗族民间传统文化丛书》
编 委 会

主　任　刘昌刚

副主任　卢向荣　龙文玉　伍新福　吴湘华

成　员　(按姓氏笔画排序)

石开林	石茂明	石国鑫	石金津
石家齐	石维刚	龙 杰	龙宁英
龙春燕	田特平	伍秉纯	向民航
向海军	刘世树	刘自齐	李 炎
李敬民	杨选民	吴钦敏	吴晓东
吴新源	张子伟	张应和	陈启贵
罗 虹	罗康隆	胡玉玺	侯自佳
唐志明	麻荣富	麻美垠	彭景泉

总　序

刘昌刚

　　苗族是一个古老的民族，也是一个世界性的民族。据 2010 年第六次全国人口普查统计，我国苗族有 940 余万人，主要分布在贵州、湖南、云南、四川、广西、湖北、重庆、海南等省市区。国外苗族约有 300 万人，主要分布于越南、老挝、泰国、缅甸、美国、法国、澳大利亚等国家。

一

　　《苗族通史》导论记载：苗族，自古以来，无论是在文臣武将、史官学子的奏章、军录和史、志、考中，还是在游侠商贾、墨客骚人的纪行、见闻和辞、赋、诗里，都被当成一个神秘的"族群"，或贬或褒。在中国历史的悠悠长河中，苗族似一江春水时涨时落，如梦幻仙境时隐时现。整个苗疆，就像一本无字文书，天机不泄。在苗族人生活的大花园中，有着宛如仙境的武陵山、缙云山、梵净山、织金洞、九龙洞以及花果山水帘洞似的黄果树大瀑布等天工杰作；在苗族的民间故事里，有着极古老的蝴蝶妈妈、枫树娘娘、竹筒兄弟、花莲姐妹等类似阿凡提的美丽传说；在苗族的族群里，嫡传着槃瓠（即盘瓠）后世、三苗五族、夜郎子民、楚国臣工；在苗族的习尚中，保留着八卦占卜、易经卜算、古傩祭祀、老君法令和至今仍盛行着的苗父医方、道陵巫术、三峰苗拳……在这个盛产文化精英的民族中，走出了蓝玉、沐英、王宪章等声震全国的名将，还诞生了熊希龄、滕代远、沈从文等教育家、政治家、文学家。闻一多在《伏羲考》一文中认为"延维"或"委蛇"指伏羲，是南方苗之神。远古时期居住在东南方的人统称为"夷"，伏羲是古代夷部落的大首领。苗族人民中确实流传着伏羲和女娲的传说，清初陆次云的《峒溪纤志》载："苗人腊祭曰报草。祭用巫，设女娲、伏羲位。"历史学家芮逸夫在《人类学集刊》上发表的《苗族洪水故事与伏羲、女娲的传说》中说："现代的人类学者经过实地考察，才得到这是苗族传说。据此，苗族全出于伏羲、女娲。他们本为兄妹，遭遇洪水，人烟断绝，仅此二人存。他们在盘古的撮合下，结为夫妇，绵延人类。"闻一多还写过《东皇太一考》，经他考证，苗族里的伏羲就是《九歌》里的东皇太一。

《中国通史》(范文澜著，人民出版社1978年版第1册第19页)载："黄帝族与炎帝族，又与夷族、黎族、苗族的一部分逐渐融合，形成春秋时期称为华族、汉以后称为汉族的初步基础。"远古时代就居住在中国南方的苗、黎、瑶等族，都有传说和神话，可是很少见于记载。一般说来，南方各族中的神话人物是"槃瓠"。三国时徐整作《三五历纪》吸收"槃瓠"入汉族神话，"槃瓠"衍变成开天辟地的盘古氏。

在历史上，苗族为了实现民族平等，屡战屡败，但又屡败屡战，从不屈服。苗族有着悠久、灿烂的文化，为中华文化的形成和发展做出了巨大贡献，在不同的历史阶段，涌现出了许多可歌可泣的英雄人物。

苗族不愧为中华民族中的一个伟大民族。苗族文化是苗族几千年的历史积淀，其丰厚的文化底蕴成就了今天这部灿烂辉煌的历史巨著。苗族是一个灾难深重的民族，又是一个勤劳、善良、富有开拓性与创造性的伟大民族，还是一个世界性的民族，不断开拓和创造着新的历史文化。

历史上公认的是，九黎之苗时期的五大发明是苗族对中国文化的原创性贡献。盛襄子在其《湖南苗史述略·三苗考》中论述道："此族(苗族)为中国之古土著民族，曾建国曰三苗。对于中国文化之贡献约有五端：发明农业，奠定中国基础，一也；神道设教，维系中国人心，二也；观察星象，开辟文化园地，三也；制作兵器，汉人用以征伐，四也；订定刑罚，以辅先王礼制，五也。"

苗族历史可以分为五个时期：先民聚落期(原始社会时期)、拓土立国期(九黎时期至公元前223年楚国灭亡)、苗疆分理期(公元前223年楚国灭亡至1873年咸同起义失败)、民主革命期(1873年咸同起义失败到1949年中华人民共和国成立)、民族区域自治期(1949年中华人民共和国成立至今)。相应地，苗族历史文化大致也可以分为五个时期，且各个时期具有不尽相同的文化特征：第一期以先民聚落期为界，巫山人进化成为现代智人，形成的是原始文化，即高庙文明初期；第二期以九黎、三苗、楚国为标志，属于苗族拓土立国期，形成的是以高庙文明为代表的灿烂辉煌的苗族原典文化；第三期是以苗文化为母本，充分吸收了诸夏文化，特别是儒学思想形成的高庙苗族文化；第四期是苗族历史上的民主革命期（1873年咸同起义失败到1949年中华人民共和国成立），形成了以苗族文化为母本，吸收了集电学、光学、化学、哲学等基本内容的东土苗汉文化与西洋文化于一体的近现代苗族文化；第五期是苗族进入民族区域自治期（1949年中华人民共和国成立至今），此期形成的是以苗族文化为母本，进一步融合传统文化、西方文化、当代中国先进文化的当代苗族文化。

二

苗族是我国一个古老的人口众多的民族，又是一个世界性的民族。她以其悠久的历史和深厚的文化而著称于世，传承着历史文化、民族精神。由田兵主编的《苗族古歌》，马学良、今旦译注的《苗族史诗》，龙炳文、龙秀祥等整理译注的《古老话》，是苗族古代的编年史和苗族百科全书，也是苗族最主要的哲学文献。

距今7800—5300年的高庙文明所包含的不仅是一个高庙文化遗址，其同类文化还遍布亚洲大陆。其中期虽在建筑、文学和科技等方面不及苏美尔文明辉煌，却比苏美尔文明早2300年，初期文明程度更高，后期又不像苏美尔那样中断，是世界上一直绵延不断、发展至今，并最终创造出辉煌华夏文明的人类文明。在高庙文化区域的湖南省常德市安乡县汤家岗遗址出土有蚩尤出生档案记录盘。

苗族人民口耳相传的苗族古歌记载了祖先蝴蝶妈妈及蚩尤的出生：蝴蝶妈妈是从枫木心中变出来的。蝴蝶妈妈一生下来就要吃鱼，鱼在哪里？鱼在继尾池。继尾古塘里，鱼儿多着呢！草帽般大的瓢虫，仓柱般粗的泥鳅，穿枋般大的鲤鱼。这里的鱼给她吃，她好喜欢。一次和水上的泡沫"游方"恋爱而怀孕后生下了12个蛋。后经鹡宇鸟（有的也写成鸡宇鸟）悉心孵养，12年后，生出了雷公、龙、虎、蛇、牛和苗族的祖先姜央（一说是龙、虎、水牛、蛇、蜈蚣、雷和姜央）等12个兄弟。

《山海经·卷十五·大荒南经》中也记载了蚩尤与枫树以及蝴蝶妈妈的不解之缘："有宋山者，有赤蛇，名曰育蛇。有木生山上，名曰枫木。枫木，蚩尤所弃其桎梏，是为枫木。有人方齿虎尾，名曰祖状之尸。"姜央是苗族祖先，蝴蝶妈妈自然是苗族始祖了。

澳大利亚人类学家格迪斯说过："世界上有两个苦难深重而又顽强不屈的民族，他们就是中国的苗族和分散在世界各地的犹太民族。"诚如所言，苗族是一个灾难深重而又自强不息的民族。唯其灾难深重，才能在磨砺中锤炼筋骨，迸发出民族自强不屈的魂灵，撰写出民族文化的鸿篇巨制。近年来，随着国家民族政策的逐步完善，对寄寓在民族学大范畴下的民族历史文化研究逐步深入，苗族作为我国少数民族百花园中的重要一支，其历史足迹与文化遗址逐渐为世人所知。

　　苗族口耳相传的古歌记载，苗族祖先曾经以树叶为衣、以岩洞或树巢为家、以女性为首领。从当前一些苗族地区的亲属称谓制度中，也可以看出苗族从母权制到父权制、从血缘婚到对偶婚的演变痕迹。诸如此类的种种佐证材料，无不证明着苗族的悠远历史。苗族祖先凭借优越的地理条件，辛勤开拓，先后发明了冶金术和刑罚。他们团结征伐，雄踞东方，强大的部落联盟在史书上被冠以"九黎"之称。苗族历史上闪耀夺目的九黎部落首领是战神蚩尤，他依靠坚甲利兵，纵横南北，威震天下。但是，蚩尤与同时代的炎黄部落逐鹿中原时战败，从此开启了漫长的迁徙逆旅。

　　总体来看，苗族的迁徙经历了从南到北、从北到南、从东到西、从大江大河到小江小河，乃至栖居于深山老林的迁徙轨迹。5000年前，战败的蚩尤部落大部分南渡黄河，聚集江淮，留下先祖渡"浑水河"的传说。这一支经过休养生息的苗族先人汇聚江淮，披荆斩棘，很快就一扫先祖战败的屈辱和阴霾，组建了强大的三苗集团。然而，历史的车轮总是周而复始的，他们最终还是不敌中原部落的左右夹攻，他们中的一部分到达西北并随即南下，进入川、滇、黔边区。三苗主干则被流放崇山，进入鄱阳湖、洞庭湖腹地，秦汉以来不属王化的南蛮主支蔚然成势。夏商春秋战国乃至秦汉以后的历代正史典籍，充斥着云、贵、湘地南蛮不服王化的"斑斑劣迹"。这群发端于蚩尤的苗族后裔，作为中国少数民族的重要代表，深入武陵山脉心脏，抱团行进，男耕女织，互为凭借，势力强大，他们被封建统治阶级称为"武陵蛮"。据史料记载，东汉以来对武陵蛮的刀兵相加不可胜数，双方各有死伤。自晋至明，苗族在湖北、河南、陕西、云南、江西、湖南、广西、贵州等地辗转往复，与封建统治者进行了长期艰苦卓绝的不屈斗争。清朝及民国，苗族驻扎在云南的一支因战火而大量迁徙至滇西边境和东南亚诸国，进而散发至欧洲、北美、澳大利亚。

　　苗族遂成为一个世界性的民族！

三

苗族同胞在与封建统治者长期的争夺征战中，不断被压缩生存空间，又不断拓展生存空间，从而形成了其民族极为独特的迁徙文化现象。苗族历史上没有文字，却保存有大量的神话传说，他们有感于迁徙繁衍途中的沧桑征程，对天地宇宙产生了原始朴素的哲理认知。每迁徙一地，他们都结合当地实际，丰富、完善本民族文化内涵，从而形成了一系列以"蝴蝶""盘瓠""水牛""枫树"为表象的原始图腾文化。苗族虽然没有文字，却有丰富的口传文化。这些口传文化经后人整理，散见于贵州、湖南等地流传的《苗族古歌》《古老话》《苗族史诗》等典籍，它们承载着苗族后人对祖先口耳相传的族源、英雄、历史、文化的再现使命。

苗族迁徙的历程是艰辛、苦难的，迁徙途中的光怪陆离却是迷人的。他们善于从迁徙途中寻求生命意义，又从苦难中构建人伦规范，他们赋予迁徙以非同一般的意义。他们充分利用身体、语言、穿戴、图画、建筑等媒介，表达对天地宇宙的认识、对生命意义的理解、对人伦道德的阐述、对生活艺术的想象。于是，基于迁徙现象而产生的苗族文化便变得异常丰富。苗族将天地宇宙挑绣在服饰上，得出了天圆地方的朴素见解；将历史文化唱进歌声里，延续了民族文化一以贯之的坚韧品性；将跋涉足迹画在了岩壁上，应对苦难能始终奋勇不屈。其丰富的内涵、奇特的形式、隐忍的表达，成为这个民族独特的魅力，成为这个民族极具异禀的审美旨趣。从这个层面扩而大之，苗族的历史文化，便具备了一种神秘文化的潜在魅力与内涵支撑。苗族神秘文化最为典型的表现是巴代文化现象。从隐藏的文化内涵因子分析来看，巴代文化实则是苗族生存发展、生产生活、伦理道德、物质精神等文化现象的活态传承。

苗族丰富的民族传奇经历造就了其深厚的历史文化，但其不羁的民族精神又使得这个民族成为封建统治者征伐打压的对象。甚至可以说，一部封建史，就是一部苗族的压迫屈辱史。封建统治者压迫苗族同胞惯用的手段，一是征战屠杀，二是愚昧民众，历经千年演绎，苗族同胞之于本民族历史、祖先伟大事功，被慢慢忽略，甚至抹杀性遗忘。

一个伟大民族的悲哀莫过于此！

四

历经苦难，走向辉煌。中华人民共和国成立后，得益于党的民族政策，苗族与全国其他少数民族一样，依托民族区域自治法，组建了具有本民族特色的少数民族自治机构。千百年被压在社会底层的苗族同胞，翻身当家做主人，他们重新直面苗族的历史文化，系统挖掘、整理、提升本民族历史文化，切实找到了民族的历史价值和民族文化自信。贵州和湖南湘西武陵山区一带，自古就是封建统治阶级口中的"武陵蛮"的核心区域。这一块曾经被统治阶级视为不毛之地的蛮荒地区，如今得到了国家的高度重视，中央整合武陵山片区 4 省 71 个县市，实施了武陵山片区扶贫攻坚战略。作为国家区域大扶贫战略中的重要组成部分，武陵山区苗族同胞的脱贫发展牵动着党中央、国务院的心。武陵山区苗族同胞感恩党中央，激发内生动力，与党中央同频共振，掀起了一场轰轰烈烈的脱贫攻坚世纪大战。

苗族是湘西土家族苗族自治州两大主体民族之一，要推进湘西发展，当前基础性的工作就是要完成两大主体民族脱贫攻坚重点工作，自然，苗族承担历史使命责无旁贷。在这样的情境下，推进湘西发展、推进苗族聚集区同胞脱贫致富，就是要充分用好、用活苗族深厚的历史文化资源，以挖掘、提升民族文化资源品质，提升民族文化自信心；要全面整合苗族民族文化资源精华，去芜存菁，把文化资源转化为现实生产力，服务于湘西州经济社会的发展。

正是贯彻这样的理念，湘西土家族苗族自治州立足少数民族自治地区的民族资源特色禀赋，提出了生态立州、文化强州的发展理念，围绕生态牌、文化牌打出了"全域旅游示范区建设""国内外知名生态文化公园"系列组合拳，使得民族文化旅游业蓬勃发展，民族地区脱贫攻坚工作突飞猛进。在具体操作层面，州委、州政府提出了"以'土家探源''神秘苗乡'为载体、深入推进我州文化旅游产业发展"的口号，重点挖掘和研究红色文化、巫傩文化、苗疆文化、土司文化。基于此，州政协按照服务州委、州政府中心工作和民生热点难点的履职要求，组织相关专家学者，联合相关出版机构，在申报重点课题的基础上，深度挖掘苗族历史文化，按课题整理、出版苗族历史文化丛书。

人类具有社会属性，所以才会对神话故事、掌故、文物和文献进行著录和收传。以民族出版社出版、吴荣臻主编的五卷本《苗族通史》和贵州民族出版社出版的《苗族古歌》系列著作为标志，苗学研究进入了一个新的历史时期。

湘西土家族苗族自治州政协组织牵头的《湘西苗族民间传统文化丛书》记载了苗疆文化的主要内容，是苗族文化研究的重要成果。它不但整理译注了浩如烟海的有关苗疆的历史文献，出版了史料文献丛书，还记录整理了苗族人民口传心授的苗族古歌系列、巴代文化系列等珍贵资料，并展示了当代文化研究成果。

　　党的十八大以来，以习近平同志为核心的党中央，以"一带一路"倡议为抓手，不断推进人类命运共同体建设，以实现中华民族伟大复兴的中国梦为目标，不断推进道路自信、理论自信、制度自信和文化自信。没有包括苗族文化在内的各个少数民族文化的复兴，也不会有完全的中华民族伟大复兴。

　　因此，从苗族历史文化中探寻苗族原典文化，发现新智慧、拓展新路径，从而提升民族文化自信力，服务湘西生态文化公园建设，推进精准扶贫、精准脱贫，实现乡村振兴，进而实现湘西现代化建设目标，善莫大焉！

　　此为序！

2018 年 9 月 5 日

专家序一

掀起湘西苗族巴代文化的神秘面纱

汤建军

2017年9月7日，根据中共湖南省委安排，我在中共湘西州委做了题为"砥砺奋进的五年"的形势报告。会后，在湘西州社科联谭必四主席的陪同下，考察了一直想去的花垣县双龙镇十八洞村。出于对民族文化的好奇，考察完十八洞村后，我根据中共湖南省委网信办在花垣县挂职锻炼的范东华同志的热诚推荐，专程拜访了苗族巴代文化奇人石寿贵老先生，参观其私家苗族巴代文化陈列基地。石寿贵先生何许人也？花垣县双龙镇洞冲村人。他是本家祖传苗师"巴代雄"第32代掌坛师、客师"巴代扎"第11代掌坛师、民间正一道第18代掌坛师。石老先生还是湘西州第一批"非物质文化遗产（以下简称'非遗'）保护"名录"苗老司"代表性传承人、湖南省第四批"非遗"名录"苗族巴代"代表性传承人、吉首大学客座教授、中国民俗学会蚩尤文化研究基地蚩尤文化研究会副会长、巴代文化学会会长。他长期从事巴代文化、道坛丧葬文化、民间习俗礼仪文化等苗族文化的挖掘搜集、整编译注及研究传承工作。一直以来，他和家人，动用全家之财力、物力和人力，经过近50年的全身心投入，在本家积累32代祖传资料的基础上，又走访了贵州、四川、湖北、湖南、重庆等省市周边20多个县市有名望的巴代坛班，通过本家厚实的资料库加上广泛搜集得来的资料，目前已整编译注出7大类76本2500多万字及 4000 余幅仪式彩图的《巴代文化系列丛书》，且准备编入《湘西苗族民间传统文化丛书》进行出版。这 7 大类 76 本具体包括：第一类，基础篇 9 本；第二类，苗师科仪 20 本；第三类，客师科仪 10 本；第四类，道师科仪 5 本；第五类，侧记篇 4 本；第六类，苗族古歌 13 本；第七类，历代手抄本扫描 13 本。除了书稿资料以外，石寿贵先生还整理了 8000 多分钟的仪式影像、238 件套的巴代实物、1000 多分钟的仪式音乐、此前他人出版的有关苗族巴代民俗的藏书 200 余册以及包括一整套待出版的《湘西苗族民间传统文化丛书》在内的资料档案。此前，他还主笔出版了《苗族道场科仪汇编》《苗师通书诠释》《湘西苗族古老歌话》《湘西苗族巴代古歌》四本著作。其巴代文化研究基地已建立起巴代文化的 3 大仪式、2 大体系、8 大板块、37 种苗族文化数据库，成为全国乃至海内外苗族巴代文化资料最齐全系统、最翔实厚重、最丰富权威的亮点单位。"苗族巴代"在 2016 年 6 月入选第四批湖南省"非遗"保护名录。2018 年 6 月，石寿贵老先生获批为湖南省第四批"非遗"保护项目"苗族巴代"代表性传承人。

走进石寿贵先生的巴代文化挖掘搜集、整编译注、研究及陈列基地，这是一栋两层楼的陈列馆，没有住人，全部都是用来作为巴代文化资料整编译注和陈列的。一楼有整编译注工作室和仪式影像投影室等，中堂为有关图片及字画陈列，文化气息扑面而来。二楼分别为巴代实物资料、文字资料陈列室和仪式腔调录音室及仪式影像资料制作室等，其中 32 个书柜全都装满了巴代书稿和实物，真可谓书山文海、千册万卷、博大精深、琳琅满目。

石老先生所收藏和陈列的巴代文化各种资料、物件和他本人的研究成果极大地震撼了我们一行人。我初步翻阅了石老先生提供的《湘西苗族巴代揭秘》一书初稿，感觉这些著述在中外学术界实属前所未闻、史无前例、绝无仅有。作者运用独特的理论体系资料、文字体系资料以及仪式符号体系资料等，全面揭露了湘西苗族巴代的奥秘。此书必将为研究苗族文化、苗族巴代文化学和中国民族学、民俗学、民族宗教学的学者，以及苗族地区摄影专家、民族文化爱好者提供线索、搭建平台与铺设道路。我当即与湘西州社科联谭必四主席商量，建议他协助和支持石老先生将《湘西苗族巴代揭秘》一书申报湖南省社科普及著作出版资助。经过专家的严格评选，该书终于获得了出版资助，在湖南教育出版社得到出版。因为这是一本在总体上全面客观、科学翔实、通俗形象地介绍苗族巴代及其文化的书，我相信此书一定会成为广大读者喜闻喜阅、喜欣喜爱的书，一定能给苗族历代祖先以慰藉，一定能更好地传播苗族文化精华，一定能深入弘扬中华民族优秀传统文化。

2017 年 12 月 6 日，我应邀在中南大学出版社宣讲党的十九大精神时，结合如何策划选题，重点推介了石寿贵先生的苗族巴代文化系列研究成果，希望中南大学出版社在前期积累的基础上，放大市场眼光，挖掘具有民族特色的文化遗产，积极扶持石老先生巴代文化成果的出版。这个建议得到了吴湘华社长及其专业策划团队的高度重视。2018 年 1 月 30 日，国家出版基金资助项目公示，由中南大学出版社挖掘和策划的石寿贵编著的《巴代文化系列丛书》中的 10 本作为第一批《湘西苗族民间传统文化丛书》入选。该丛书以苗族巴代原生态的仪式脚本(包括仪式结构、仪式程序、仪式形态、仪式内容、仪式音乐、仪式气氛、仪式因果等)记录为主要内容，原原本本地记录了苗师科仪、客师科仪、道师绕棺戏科仪以及苗族古歌、巴代历代手抄本扫描等脚本资料，建立起了科仪的文字记录、图片静态记录、影像动态记录、历代手抄本文献记录、道具法器实物记录等资料数据库，是目前湘西苗族地区种类较为齐全、内容翔实、实物彩图丰富生动的原生态民间传统资料，充分体现了苗族博大精深的文化内涵和艺术价值，对今后全方位、多视角、深层次研究苗族历史文化有着极其重要的价值和深远的意义。

从《湘西苗族民间传统文化丛书》中所介绍的内容来看，可以说，到目前为止，这套丛书是有关领域中内容最系统翔实、最丰富完整、最难能可贵的资料了。此套书籍如此广泛深入、全面系统、尽数囊括，实为古今中外之罕见，堪称绝无仅有、弥足珍贵，也是有史以来对苗族巴代文化的全面归纳和科学总结。我想，这既是石老先生和家人以及社会各界对苗族文化的热爱、执着、拼搏、奋斗、支持、帮助的结果，也体现出了石寿贵老先生对苗族文化所做出的巨大贡献。这套丛书将成为苗族传统文化保护传承、研究弘扬的新起点和里程碑。用学术化的语言来说，这 300 余种巴代科仪就是历代以来的巴代所主持的苗族祭祀仪式、习俗仪式以及各种社会活动仪式的具体内容。但仪式所表露出来的仅仅只是表面形式而已，更重要的是包含在仪式里面的文化因子与精神特质。关于这一点，石寿贵老先生在丛书中也剖析得相当清晰，他认为巴代文化的形成是苗族文化因子的作用所致。他认为：世界上所有的民族和教派都有不同于其他民族的文化因子，比如佛家的因果轮回、慈善涅槃、佛国净土，道家的五行生克、长生久视、清净无为，儒家的忠孝仁义、三纲五常、齐家治国，以及纳西族的"东巴"、羌族的"释比"、满族的"萨满"、土家族的"梯玛"等，无不都是严格区别于其他民族或教派的独特文化因子。由某个民族文化因子所产生出来的文化信念，在内形成了该民族的观念、性格、素质、气节和精神，在外则形成了该民族的风格、习俗、形象、身份和标志。通过内外因素的共同作用，形成支撑该民族生生不息、发展壮大、繁荣富强的不竭动力。苗族巴代文化的核心理念是人类的"自我不灭"真性，在这一文化因子的影响下，形成了"自我崇拜"或"崇拜自我、维护自我、服务自我"的人类生存哲学体系。这种理论和实践体现在苗师"巴代雄"祭祀仪式的方方面面，比如上供时所说的"我吃你吃，我喝你喝"。说过之后，还得将供品一滴不漏地吃进口中，意思为我吃就是我的祖先吃，我喝就是我的祖先喝，我就是我的祖先，我的祖先就是我，祖先虽亡，但他的血液在我的身上流淌，他的基因附在我的身上，祖先的化身就是当下的我，并且一直延续到永远，这种自我真性没有被泯灭掉。同时，苗师"巴代雄"所祭祀的对象既不是木偶，也不是神像，更不是牌位，而是活人，是舅爷或德高望重的活人。这种祭祀不同于汉文化中的灵魂崇拜、鬼神崇拜或自然崇拜，而是实实在在的、活生生的自我崇拜。这就是巴代传承古代苗族主流文化(因子)的内在实质和具体内容。无怪乎如来佛祖降生时一手指天，一手指地，所说的第一句话就是："天上地下，唯我独尊。"佛祖所说的这个"我"，指的绝非本人，而是宇宙间、世界上的真性自我。

石老先生认为，从生物学的角度来说，世界上一切有生命的动植物的活动都是维护自我生存的活动，维护自我毋庸置疑。从人类学的角度来说，人类的真性自我不生不灭，世间人类自身的一切活动都是围绕有利于自我生存和发展这个主旨来开展的，背离了这个主旨的一切活动都是没有任何价值和意义的活动。从社会科学的角度来说，人类社会所有的科普项目、科学文化，都是从有利于人类自我生存和发展这个主题来展开的，如果离开了这条主线，科普也就没有了任何价值和意义。从人类生存哲学的角度来说，其主要的逻辑范畴，也是紧紧地把握人类这个大的自我群体的生存和发展目标去立论拓展的，自我生存成为最大的逻辑范畴；从民族学的角度来说，每个要维护自己生生不息、发展壮大的民族，都要有自己强势优越、高超独特、先进优秀的文化来作为支撑，而要得到这种文化支撑的主体便是这个民族大的自我。

石老先生还说，从维护小的生命、个体的小自我到维护大的人类、群体的大自我，是生物世界始终都绕不开的总话题。因而，自我不灭、自我崇拜或崇拜自我、服务自我、维护自我，在历史上早就成为巴代文化的核心理念。正是苗师"巴代雄"所奉行的这个"自我不灭论"宗旨教义，所行持的"自我崇拜"的教条教法，涵盖了极具广泛意义的人类学、民族学以及哲学文化领域中的人类求生存发展、求幸福美好的理想追求。也正是这种自我真性崇拜的文化因子，才形成了我们的民族文化自信，锻造了民族的灵魂素质，成就了民族的精神气节，才能坚定民族自生自存、自立自强的信念意识，产生出民族生生不息、发展壮大的永生力量。这就充分说明，苗族的巴代文化，既不是信鬼信神的巫鬼文化，也不是重巫尚鬼的巫傩文化，而是从基因实质的文化信念到灵魂素质、意识气魄的锻造殿堂，是彻头彻尾的精神文化，这就是巴代文化和巫鬼文化、巫傩文化的本质区别所在。

乡土的草根文化是民族传统文化体系的基因库，只要正向、确切、适宜地打开这个基因库，我们就能找到民族的根和魂，感触到民族文化的神和命。巴代作为古代苗族主流文化的传承者，作为一个族群社会民众的集体意识，作为支撑古代苗族生存发展、生生不息的强大的精神支柱和崇高的文化图腾，作为苗族发展史、文明史曾经的符号，作为中华民族文化大一统中的亮丽一簇，很少被较为全面系统、正向正位地披露过。

巴代是古代苗族祭祀仪式、习俗仪式、各种社会活动仪式这三大仪式的主持者，更是苗族主流文化的传承者。因为苗族在历史上频繁迁徙、没有文字、不属王化、封闭保守等因素，再加上历史条件的限制与束缚，为了民族的生存和发展，苗族先人机灵地以巴代所主持的三大仪式为本民族的显性文化表象，来传承苗族文化的原生基因、本根元素等这些只可意会、不可言传的隐性文化实质。又因这三大仪式的主持者叫巴代，故其所传承、主导、影响的苗族主流文化又被称为巴代文化，巴代也就自然而然地成为聚集古代苗族的哲学家、法学家、思想家、社会活动家、心理学家、医学家、史学家、语言学家、文学家、理论家、艺术家、易学家、曲艺家、音乐家、舞蹈家、农业学家等诸大家之精华于一身的上层文化人，自古以来就一直受到苗族人民的信任、崇敬和尊重。

巴代文化简单说来就是 3 大仪式、2 大体系、8 大板块和 37 种文化。其包括了苗族生存发展、生产生活、伦理道德、物质精神等从里到表、方方面面、各个领域的文化。巴代文化必定成为有效地记录与传承苗族文化的载体、百科全书以及活态化石，必定成为带领苗族人民从远古一直走到今天的精神支柱和家园，必定成为苗族文化的根、魂、神、质、形、命的基因实质，必定成为具有苗族代表性的文化符号与文化品牌，必定成为苗族优秀的传统文化、神秘湘西的基本要素。

石老先生委托我为他的丛书写篇序言，因为我的专业不是民族学研究，不能从专业角度给予中肯评价，为读者做好向导，所以我很为难，但又不好拒绝石老先生。工作之余,我花了很多时间认真学习他的相关著述，总感觉高手在民间，这些文字是历代苗族文化精华之沉淀，文字之中透着苗族人的独特智慧，浸润着石老先生及历代巴代们的心血智慧，更体现出了石老先生及其家人一生为传承苗族文化所承载的常人难以想象的艰辛、曲折、困苦、执着和担当。

这次参观虽然不到2个小时，却发现了苗族巴代文化的正宗传人。遇见石老先生，我感觉自己十分幸运，亦深感自己有责任、有义务为湘西苗族巴代文化及其传人积极推荐，努力让深藏民间的优秀民族文化遗产能够公开出版。石老先生的心愿已了，感恩与我们一样有这种情结的评审专家和出版单位对《湘西苗族民间传统文化丛书》的厚爱和支持。我相信，大家努力促成这些书籍公开出版，必将揭开湘西苗族巴代文化的神秘面纱，必将开启苗族巴代文化保护传承、研究弘扬、推介宣传的热潮，也必将引发湘西苗族巴代文化旅游的高潮。

略表数言，抛砖引玉，是为序。

（作者系湖南省社会科学院党组成员、副院长，湖南省省情研究会会长、研究员）

专家序二

罗康隆

我来湘西20年，不论是在学校，还是在村落，听得最多的当地苗语就是"巴代"（分"巴代雄"与"巴代扎"）。起初，我也不懂巴代的系统内涵，只知道巴代是湘西苗族的"祭师"，但经过20年来循序渐进的认识与理解，我深知，湘西苗族的"巴代"，并非用"祭师"一词就可以简单替代。

说实在的，我是通过《湘西苗族调查报告》和《湘西苗族实地调查报告》这两本书来了解湘西的巴代文化的。1933年5月，国立中央研究院的凌纯声、芮逸夫来湘西苗区调查，三个月后凌纯声、芮逸夫离开湘西，形成了《湘西苗族调查报告》（2003年12月由民族出版社出版）。该书聚焦于对湘西苗族文化的展示，通过实地摄影、图画素描、民间文物搜集，甚至影片拍摄，加上文字资料的说明等，再现了当时湘西苗族社会文化的真实图景，其中包含了不少关于湘西苗族巴代的资料。

当时，湘西乾州人石启贵担任该调查组的顾问，协助凌纯声、芮逸夫在苗区展开调查。凌纯声、芮逸夫离开湘西时邀请石启贵代为继续调查，并请国立中央研究院聘石启贵为湘西苗族补充调查员，从此，石启贵正式走上了苗族研究工作的道路。经过多年的走访调查，石启贵于1940年完成了《湘西苗族实地调查报告》（2008年由湖南人民出版社出版）。在该书第十章"宗教信仰"中，他用了11节篇幅来介绍湘西苗族的民间信仰。2009年由中央民族大学"985工程"中国少数民族非物质文化研究与保护中心与台湾研究院历史语言研究所联合整理，在民族出版社出版了《民国时期湘西苗族调查实录（1~8卷）》（套装全10册），包括习俗卷、椎猪卷、文学卷、接龙卷、祭日月神卷、祭祀神辞汉译卷、还傩愿卷、椎牛卷（上）、椎牛卷（中）、椎牛卷（下）。

由是，人们对湘西苗族"巴代"有了更加系统的了解。

我作为苗族的一员，虽然不说苗语了，但对苗族文化仍然充满着热情与期待。在我主持学校民族学学科建设之初，就将苗族文化列为重点调查与研究领域，利用课余时间行走在湘西的腊尔山区苗族地区，对苗族文化展开调查，主编了《五溪文化研究》丛书和《文化与田野》人类学图文系列丛书。在此期间结识了不少巴代，其中就有花垣县董马库的石寿贵。此后，我几次到石寿贵家中拜访，得知他不仅从事巴代活动，而且还长期整理湘西苗族的巴代资料，对湘西苗族巴代有着系统的了解和较深的理解。

我被石寿贵收集巴代资料的精神所感动，决定在民族学学科建设中与他建立学术合作关系，首先给他配备了一台台式电脑和一台摄像机，可以用来改变以往纯手写的不便，更可以将巴代的活动以图片与影视的方式记录下来。此后，我也多次邀请他到吉首大学进行学术交流。在台湾"中央研究院"康豹教授主持的"深耕计划"中，石寿贵更是积极主动，多次对他所理解的"巴代"进行阐释。他认为湘西苗族的巴代是一种文化，巴代是古代苗族祭祀仪式、习俗仪式、各种社会活动仪式这三大仪式的主持者，是苗族文化的传承载体之一，是湘西苗族"百科全书"的构造者。

巴代文化成为苗族文化的根、魂、神、质、形、命的基因实质。这部《湘西苗族民间传统文化丛书》含 7 大类 76 本 2500 多万字及 4000 余幅仪式彩图，还有 8000 多分钟仪式影像、238 件套巴代实物、1000 多分钟仪式音乐等，形成了巴代文化资料数据库。这些资料弥足珍贵，以苗族巴代仪式结构、仪式程序、仪式形态、仪式内容、仪式音乐、仪式气氛、仪式因果为主要内容进行记录。这是作者在本家 32 代祖传所积累丰厚资料的基础上，通过近 50 年对贵州、四川、湖南、湖北、重庆等省市周边有名望的巴代坛班走访交流，行程达 10 万多公里，耗资 40 余万元，竭尽全家之精力、人力、财力、物力，对巴代文化资料进行挖掘、搜集与整理所形成的资料汇编。

这些资料的样本存于吉首大学历史与文化学院民间文献室，我安排人员对这批资料进行了扫描，准备在 2015 年整理出版，并召开过几次有关出版事宜的会议，但由于种种原因未能出版。今天，它将由中南大学出版社申请到的国家出版基金资助出版，也算是了结了我多年来的一个心愿，这是苗族文化史上的一件大好事。这将促进苗族传统文化的保护，极大地促进民族精神的传承和发扬，有助于加强、保护与弘扬传统文化，对落实党和国家加强文化大发展战略有着特殊的使命与价值。

（作者系吉首大学历史与文化学院院长、湖南省苗学学会第四届会长）

概　述

　　《湘西苗族民间传统文化丛书》以苗族巴代原生态的仪式脚本(包括仪式结构、仪式程序、仪式形态、仪式内容、仪式音乐、仪式气氛、仪式因果等)记录为主要内容，原原本本地记录了苗师科仪、客师科仪、道师绕棺戏科仪以及苗族古歌、巴代历代手抄本扫描等脚本资料，建立起了科仪文字记录、图片静态记录、影像动态记录、历代手抄本文献记录、道具法器实物记录等资料数据库，为抢救、保护、传承、研究这些濒临灭绝的苗族传统文化打牢了基础，搭建了平台，提供了必需的条件。

　　巴代是古代苗族祭祀仪式、习俗仪式、各种社会活动仪式这三大仪式的主持者，也是苗族主流文化的传承载体之一。古代苗族在涿鹿之战后因为频繁迁徙、分散各地、没有文字、不属王化、封闭保守等因素，形成了具有显性文化表象和隐性文化实质这二元文化的特殊架构。基于历史条件的限制与束缚，为了民族的生存和发展，苗族先人机灵地以巴代所主持的三大仪式为本民族的显性文化表象，来传承苗族文化的原生基因、本根元素等这些只可意会、不可言传的隐性文化实质。因为三大仪式的主持者叫巴代，故其所传承、主导、影响的苗族主流文化又被称为巴代文化，巴代也就自然而然地成为聚集古代苗族的哲学家、史学家、宗教家等诸大家之精华于一身的上层文化人，自古以来就一直受到苗族人民的信任、崇敬和尊重。

　　巴代文化简单说来就是3大仪式、2大体系、8大板块和37种文化。其包括了苗族生存发展、生产生活、伦理道德、物质精神等从里到表、方方面面、各个领域的文化。巴代文化必定成为有效地记录与传承苗族文化的载体、百科全书以及活态化石，必定成为带领苗族人民从远古一直走到今天的精神支柱和家园，必定成为苗族文化的根、魂、神、质、形、命的基因实质，必定成为具有苗族代表性的文化符号与文化品牌，必定成为苗族优秀的传统文化之一、神秘湘西的基本要素。

苗族的巴代文化与纳西族的东巴文化、羌族的释比文化、满族的萨满文化、汉族的儒家文化、藏族的甘珠尔等一样，是中华文明五千年的文化成分和民族文化大花园中的亮丽一簇，是苗族文化的本源井和柱标石。巴代文化的定位是苗族文化的全面归纳、科学总结与文明升华。

近代以来，由于种种原因，巴代文化濒临灭绝。为了抢救这种苗族传统文化，笔者在本家32代祖传所积累丰厚资料的基础上，又通过近50年以来对贵州、四川、湖南、湖北、重庆等省市周边有名望的巴代坛班走访交流，行程10多万公里，耗资40余万元，竭尽全家之精力、人力、财力、物力，全身心投入巴代文化资料的挖掘、搜集、整编译注、保护传承工作中，到目前已形成了7大类76本2500多万字及4000余幅仪式彩图的《湘西苗族民间传统文化丛书》（以下简称《丛书》），整理了8000多分钟的仪式影像、238件套的巴代实物、1000多分钟的仪式音乐等巴代文化资料数据库。该《丛书》已成为当今海内外唯一的苗族巴代文化资源库。

7大类76本2500多万字及4000余幅仪式彩图的《丛书》在学术界也称得上是鸿篇巨制了。为了使读者能够在大体上了解这套《丛书》的基本内容，在此以概述的形式来逐集进行简介是很有必要的。

这套洋洋大观的《丛书》，是一个严谨而完整的不可分割的体系，按内容属性可分为7大类型。因整套《丛书》的出版分批进行，在出版过程中根据实际情况对《丛书》结构做了适当调整，调整后的内容具体如下：

第一类：基础篇。分别为：《许愿标志》《手诀》《巴代法水》《巴代道具法器》《文疏表章》《纸扎纸剪》《巴代音乐》《巴代仪式图片汇编》《湘西苗族民间传统文化丛书通读本》等。

第二类：苗师科仪。分别为：《接龙》（第一、二册），《汉译苗师通鉴》（第一、二、三册），《苗师通鉴》（第一、二、三、四、五、六、七、八册），《苗师"不青"敬日月车祖神科仪》（第一、二、三册），《敬家祖》，《敬雷神》，《吃猪》，《土昂找新亡》。

第三类：客师科仪。分别为：《客师科仪》(第一、二、三、四、五、六、七、八、九、十册)。

第四类：道师科仪。分别为：《道师科仪》(第一、二、三、四、五册)。

第五类：侧记篇之守护者。

第六类：苗族古歌。分别为：《古杂歌》，《古礼歌》，《古阴歌》，《古灰歌》，《古仪歌》，《古玩歌》，《古堂歌》，《古红歌》，《古蓝歌》，《古白歌》，《古人歌》，《汉译苗族古歌》(第一、二册)。

第七类：历代手抄本扫描。

本套《丛书》的出版将为抢救、保护、传承、研究这些濒临灭绝的苗族传统文化打牢基础、搭建平台和提供必需的条件；为研究苗族文化，特别是研究苗族巴代文化学、民族学、民俗学、民族宗教学等，以及这些学科的完善和建设做出贡献；为研究、关注苗族文化的专家学者以及来苗族地区的摄影者提供线索与方便。《丛书》的出版，将有力地填补苗族巴代文化学领域里的空缺和促进苗族传统文明、文化体系的完整，使苗族巴代文化成为中华民族文化大花园中的亮丽一簇。

石寿贵
2020 年秋于中国苗族巴代文化研究中心

前　言

　　据目前不完全统计，苗师"巴代雄"所主持的祭祀仪式有46堂之多，这46堂仪式是由48种基本模式组成的。其中的"堂"指的是祭祀科仪种类，如"椎牛科仪""接龙科仪"等，而基本模式指的是仪式的具体内容，如"说香""讲原因""请师""请神""通呈保佑""驱鬼除怪""遣煞""藏身收祚""交牲交熟""敬献供品""送神""拆坛"等。在具体的某堂科仪中，按祭祀的场地、时间、原因、神名、诉求(目的)等实际情况，要将这些基本模式组合成整堂仪式的科仪神辞。比如在苗师"巴代雄"所主持的46堂科仪中，几乎每堂都有"敬酒"这个环节，每种祭祀都离不开"敬酒"，只是接受供酒的对象不同而已。换句话说，苗师所主持的46堂科仪都是由这些基本模式组成的，只是组合的形式的顺序、篇幅不同而已。因此，用"巴代"术语来说，这些通用的基本模式就称为"通鉴"。

　　《汉译苗师通鉴》共分三册，总共收载了46种基本模式通用神辞的意译部分。

　　第一册收载了"焚香""烧线香""收祚藏身""护堂""原因""择日设坛""借供桌""摆供碗具""砍竹、破篾、剪纸""买供猪""请巴代""请祖师""灭鬼""遣灾驱祸""消灾灭煞""退灾""去请祖神""保佑福寿""交牲(以吃猪为例)"共19种基本模式通用神辞的汉译部分。

　　第二册收载了"请祖神下凡""赐福赐寿""解枷脱锁""系魂保安布条""赎魂""悔过""敬入堂酒(以吃猪为例)""交剩余的酒(以吃猪为例)""祝酒词""神名""敬上熟酒肉""送上熟酒肉""拆坛(以吃猪为例)"共13种

基本模式通用神辞的汉译部分。

第三册收载了"敬饭""送家祖神""打扫屋""祖坛请师""封牢井""开牢井放邪师""巴代回坛""椎牛起根""嘱咐神的话""讲雷神古根""担保悔过""隔诅咒""隔血诅咒""认错雷款"共14种基本模式通用神辞的汉译部分。

在介绍具体每种通用神辞前，我们都会以"简述"的形式给读者进行简单解读。

又，巴代所主持的每堂仪式，都如同一场完整的地戏，其中的结构与框架、语言与形态、内容与轨迹、诉求与效果既有相似性和共性，又有差异性和个性。犹如人们建造房子一样，材料虽然都是砖木瓦石，但所建造出的房子千差万别。论其共性都是房子，都能供人们使用，但个性有很多，比如形状、大小、宽窄、高矮、作用、价值等，各有千秋；材料虽然都是这些，但用法用量、组合方式大有区别。祭祀仪式也与此一样，虽然其基本素材都是这些，但具体的组合方式及用法各有不同。即使在每一小段神辞中，哪怕是只多出几句，也是一种不可忽视的差异。诸如上述，在巴代所主持的几百堂祭祀仪式中，虽然其基本素材大致相同，但通过不同顺序、不同形式的组合之后，其模式千差万别。同时，在历代先民的"祭神如神在"的虔诚意念下，在历代祖师爷必须"原原本本"持诵心传口授所学神辞的铁规制约之下，仪轨也就如同铁打一般，不可随意改变一丝一毫，必须体现其个体性、完整性和严密性。

我们本着遵循这个个体性、完整性和严密性的原则来整编译注巴代祭祀科仪。因为科仪如同地戏的脚本，演员们在演唱地戏时不可能在基本脚本中寻找到可以完全照念的台词，即使找到也不一定能够全部用上。作为苗师科仪资料，它们正面临着不断被扭曲以致逐渐变形、变味、变质甚至濒临灭绝的境地。在整编译注巴代祭祀科仪时我们都是按原生态流传的较权威资料一字不漏收录的。因此，在本书中，就会出现类似"重复"的内容，敬请读者理解。

为了便于不懂苗语的专家学者们能够基本了解或深入研究苗师"巴代雄"的科仪神辞，我们特别编写了本书，希望能让读者直观地掌握苗师"巴代雄"的神辞内容。

目　录

一

焚 香

【简述】

　　焚香，指焚烧蜂蜡纸团糠香。这种香是苗师"巴代雄"在主持所有的祭祀仪式中都要焚烧的一种敬祖香。这种香由蜂蜡、纸钱和粗糠组成。具体做法是用少许的蜂蜡或蜂窝渣包在一张纸钱上，揉成一团，每次取用三坨纸团放在一只碗或一块瓦片上，加入火籽，再于其上撒些粗糠就行了，燃完再加。因在苗师所主持的祭祀中几乎都是烧这种香，又被称为"苗香"；因其由蜂蜡、纸团、粗糠组成，又被称为"蜂蜡纸团糠香"；因在传说中苗族先人曾经用此香熏昏"食人魔几嘎几狞"而将其消灭，又被称为"降魔香"；等等。湘西苗族世代以来都居住在深沟峡谷、荆棘刺丛、山陡林密、溶洞交错的凶险环境中，虎狼成群，神出鬼没，幻影怪象经常骚扰，传说若烧这种香，妖魔精怪、魑魅魍魉不敢靠近，因而这蜂蜡纸团糠香便成为苗师在祭祀时常要焚烧的香烟了。

主人取得蜂蜡，人们找来蜂渣。

取得纸钱包起成坨，拿得纸钱包好成团。

取得粗糠与那火籽，拿得细糠与那火烟。

烧起蜂蜡涌成三层青云，烧起糠香涌成三团雾霭。

信士一家心愿圆满，户主一屋良愿圆成。

大的小的也喜，老的少的也愿。

烧起蜂蜡糠香要来敬祖，烧好纸团蜡香要来敬神。

蜡香燃起成那云朵，蜡烟涌起成那雾团。

要敬祖神祖圣，要供福神旺神。

信士烧起蜂蜡糠香，在这敬神堂中。

户主燃起纸团糠烟，在这敬祖堂内。

今天烧起蜂蜡糠香，今日燃起纸团糠烟。

在前成云成雾，在后成海成湖。

在左成山成岭，在右成冲成川。

保起三千好人，护起三百好众。

蜂蜡纸团糠香的原料（石金津摄）

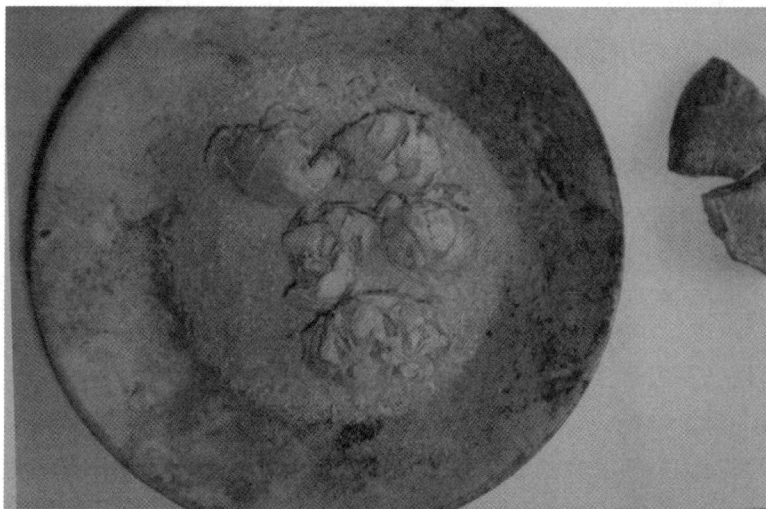

蜂蜡包在纸钱内揉成团放在装有粗糠的盘子里备用（石金津摄）

蜂蜡纸团糠香的烧法（石金津摄）

二
烧线香

【简述】

　　线香，就是我们常说的炷香。俗话说"香能通神"，又说"人争一口气，神争一炉香"。祭祀的重要气氛之一，就是烧香。湘西因为地处边远，交通不便，物资匮乏，有时连炷香都没有，于是，巴代在祭祀时，往往也会就地取材：用一根柴棒头当香用，称为"柴头火脑宝香"；用布片焚烧，称为"破布烂片宝香"；等等。这里所介绍的是炷香，往往要烧三根，称为"三炷香"。这种香必须插在香炉上，而乡间的香炉大多用一只饭碗，内装白米，称为"香米"。有了香米以后，还必须插上"利是"，即将钱包在红纸内插在香米内，统称为"香米利是"，又称"阳钱"。祭祀中所烧的纸钱叫作"阴钱"，利是和纸钱被称为"阴钱阳钱、阴阳钱财"，其中阴钱（纸钱）是敬神的，阳钱（利是）是送巴代的。在过去，香米和利是都要送给巴代拿走的。

神韵——

主家从那竹篮取得好碗净碗，主人从那碗柜取得金碗银碗。

舀得清水来洗，用那井水来净。

好碗净碗洗得白白，金碗银碗擦得亮亮。

从那米桶盛得白米，往那米坛装得小米。

盛得一碗满满，装得一碗平平。

拿来摆在火炉大柱下边，用来摆在火坑中柱下面。

拿来摆在祭祖堂中，用来摆在敬神堂内。

神韵——

人们舀得清水来洗双手，他们取得毛巾来揩双掌。

烧起三炷信香，焚起三炷清香。

信香插在香米碗中，清香插在香米碗内。

信香缥缈成团成云，清香飘荡成云成雾。

缥缈来护祭祖堂中，飘荡来盖敬神堂内。

缥缈成山成岭，飘荡成川成谷。

缥缈成水成湖，飘荡成河成海。

缥缈成壁成墙，飘荡成阻成隔。

信香阻隔邪神邪法，清香阻断邪诀邪鬼。

神韵——

烧起一炉信香，焚起一炉清香。

信香保起祭祖堂中，清香护起敬神堂内。

保护一家大小好福好命，保佑一屋老幼好魂好魄。

保护一家房老叔伯，保佑一族堂兄堂弟。

保佑我本弟子主持，保护我这师郎主祭。

我来主持居得长命，我来主祭坐得洪福。

神韵——

信香烧在火炉之边，清香焚在火坑之旁。

要祭祖公祖婆，要敬祖母祖父。

祖公祖婆坐拥一炉信香，祖父祖母坐护一炉清香。

信香烧在火炉之边，祖公祖婆坐到火炉之边。

清香焚在火坑之旁，祖母祖父坐到火坑之旁。

上方你居，正位你坐。

我们祭了得准，信士敬了得灵。

神韵——

烧起信香到堂，焚起清香到殿。

信香隔去凶神恶鬼，清香挡去凶灾恶煞。

隔去那些坏心坏肚，挡去那些坏肝恶肺。

隔去男人邪师，挡去女人邪法。

隔去恶症顽疾，挡去恶言疯语。

隔去凶祸坏事，挡去凶兆怪异。

隔去他州别里，挡去他地别处。

烧在铁锄板上的蜂蜡香（石金津摄）

线香与蜂蜡香同时焚烧(石金津摄)

三
收祚藏身

【简述】

  远古的蚩尤部落联盟在涿鹿之战后，便进入了漫长的大迁徙历史时期。在频繁的迁徙途中，苗族受尽了自然灾害、凶险环境的各种折磨，因而形成了没有统一的民族文字、不通王化、以村寨为社会板块、封闭保守等民族特点，其中在迁徙避灾中所形成的封闭保守思想成为巴代在祭祀中"收祚藏身"的主要依据。

  "收祚"主要是把不利于人类生存发展的不良因素收尽收完，埋入土中或遣送天涯海角，而"藏身"便是把自己（人类）的身形藏匿不露，不让人类自身受到邪魔歪道（不良因索）的侵害。二者的主要目的都是让人类能够安稳、康健、清吉、平安地繁衍生存、发展壮大，这不能不说也是一种优秀的传统文化。这里的巴代实际上也就是人类自身的"自我"，因为苗师所信奉的是"自我不灭论"的教旨教义，所奉行的是人类"自我崇拜"或"崇拜自我"的教条教法。

  收祚藏身是巴代祭祀的主要法事之一，先要保护好自身才能为别人做事。苗师有48道藏身法，客师有36道藏身法，可见巴代在祭祀仪式中的收祚藏身是多么的重要。

  在科仪资料中我们可以看到：在苗师"巴代雄"的藏身神辞中，有把大自然这个"大自我"有机地融入了巴代本身的这个"小自我"中的内容，如将自身的毛发耳目、鼻舌口齿、肚腹甚至肛门等，藏于大自然中的草木、山洞、溪流、风孔雷洞等。这种将大自然与个体有机融合的做法，乃是人神合一、身心合一、动静合一、阴阳合一之举。

神韵——

要唱一首的歌，要讲一轮的话。

要理一层的根，要寻一道的基。

一首的歌要唱藏身，一轮的话要说保命。

一首的歌要唱保魂，一轮的话要说护魄。

一首的歌要唱藏身变己，一轮的话要说护魂保命。

藏身要藏得稳，保命要保得当。

人看人也不知，鬼看鬼也不见。

弟子主祭坐得千年，师郎主仪活过百岁。

神韵——

焚烧蜂蜡糠火，纸团宝香。

千神没有来请，百祖没有来迎。

要来奉请——

祖太共米、共甲、

仕官、首贵、明章、巴高、

国锋、明鸿、仕贵、后宝。

祖太光朱、勇贤、光三、老七、跃恩、

席玉、江远、林华、老狗、共四、老弄、

千有、天财、进荣、腾兰。

祖太强贵、隆贵、光合、冬顺、得水。

叔公双全、祖公长先。

外祖大大、二哥……

三十一代祖师，三十二代弟子。

三千祖师交钱，查名皆齐皆遍，

三百度纸宗师，点字皆遍皆全。

闻我奉请暂离上天大堂，听我奉迎暂别天宫大殿。

暂离家中祖坛，暂别家内师殿。

暂离三十三块布条，暂别三十三块布幔。

暂离香炉，暂别香碗。

神韵——

三咏神腔，来到信士祭祀场中，

三吟神韵，来临户主祭仪堂内。

来到安享纸团宝香，来临安受蜂蜡糠烟。

拥护吾本弟子，守护我这师郎。

同日有请你们莫起，同时有奉你们莫去。

主人有纸钱冥币，纸帛冥钱。

不烧是纸是帛，烧了是钱是财。

得财拿去共分，得钱拿去共用。

收在金仓银仓，入在金库银库。

你们要和弟子交钱，都要与吾师郎度纸。①

拥在左边，护在右旁。

交钱得到，度纸得达。

收起我的正魂本命，三魂七魄。

收在一十二个深洞之中，藏在一十二个好洞之内。

注：①交钱、度纸——宗教术语，即主持祭祀仪式的意思。下句的"交钱得到，度纸得达"是指敬送祖神的这些供品要如数交到祖神的手中，意为要帮助主家达到敬神之目的。

祭祀秋公秋婆时祭坛外围的观众(周建华摄)

来到帮我藏身，来临把我藏魂。
要藏我的好魂大福，要护我的好魄长命。
弟子良魂子魂，师郎子魂孙魂。
一家大小好魂大福，一屋老少好命长命。
好魂收在本身，好魄藏在本体。
收在一碗香炉，系在一炉香碗。
藏魂魂保，收魄魄安。
人看人也不知，鬼看鬼也不见。

要藏一家大小，要护一屋老幼。
老者好魂长命，少者良魂子魂。
娃儿子魂孙魂，细崽好魂大福。
好命长命收在本身，好魂好魄系在本体。
收在一碗香炉，藏在一炉香碗。
藏魂魂也得保，收魄魄也得安。
人看人也不知，鬼看鬼也不见。

要藏家中银币，要护宅内金钱。
要藏牛帮牛群，要护狗帮猪群。
要藏谷魂米魂，要护糯魂黏魂。
要藏蚕姐蚕娘，要护蚕丝蚕绸。
要藏蜜蜂蜜糖，要护千福百财。
好财收在本身，好宝系在本体。
收在一碗香炉，系在一炉香碗。
藏魂魂也得保，收魄魄也得安。
人看人也不知，鬼看鬼也不见。

要藏吾本弟子的良魂，要护我这师郎的好魄。
良魂藏去我的胸中，好魄收去我的胸内。
不掉不落，不离不弃。
藏身要藏得稳，保命要保得当。
人看人也不知，鬼看鬼也不见。
弟子主祭坐得千年，师郎主仪活过百岁。

良魂藏在我的胸中，好魄收在我的胸内。

要藏吾本弟子的良魂，要护我这师郎的好魄。
良魂藏去三层老木青山，好魄护去三重高山大岭。
藏身要藏得稳，保命要保得当。
人看人也不知，鬼看鬼也不见。
良魂藏去三层老木青山，好魄护去三重高山大岭。
弟子主祭坐得千年，师郎主仪活过百岁。

要藏吾本弟子的良魂，要护我这师郎的好魄。
良魂藏去两孔大的风口，好魄收去一双大的风箱。
藏身要藏得稳，保命要保得当。
人看人也不知，鬼看鬼也不见。
良魂藏去两孔大的风口，好魄收去一双大的风箱。
弟子主祭坐得千年，师郎主仪活过百岁。

要藏吾本弟子的良魂，要护我这师郎的好魄。
良魂藏去干的洞穴，好魄收去净的岩洞。
干的洞穴，一天要吞三千凶神。
净的岩洞，一日要吃三百恶鬼。
藏身要藏得稳，保命要保得当。
人看人也不知，鬼看鬼也不见。
弟子主祭坐得千年，师郎主仪活过百岁。

要藏吾本弟子的良魂，要护我这师郎的好魄。
良魂藏去雷洞之中，好魄收去风洞之内。
藏身要藏得稳，保命要保得当。
人看人也不知，鬼看鬼也不见。
弟子主祭坐得千年，师郎主仪活过百岁。
人不敢去雷洞之中，鬼不敢到风洞之内。

要藏吾本弟子的良魂，要护我这师郎的好魄。
掀开三十三个大鼎，良魂藏去三十三个大鼎。

翻开七十一口大锅，好魄收去七十一口大锅。

藏身要藏得稳，保命要保得当。

人看人也不知，鬼看鬼也不见。

人看只见三十三个大鼎，不见吾本弟子。

鬼看只见七十一口大锅，不见我这师郎。

弟子主祭坐得千年，师郎主仪活过百岁。

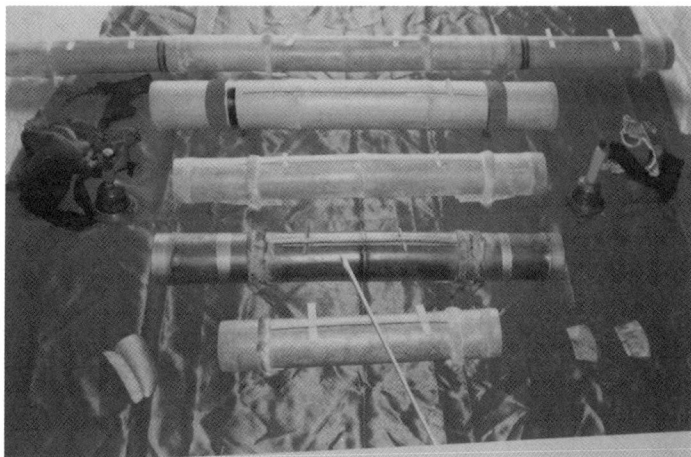

巴代的道具法器之竹柝、神笤和蚩尤铃 (石国鑫摄)

要藏吾本弟子的良魂，要护我这师郎的好魄。

良魂藏去炼铁水处，好魄收去铸铁犁处。

炼铁水处，一天要熔三千凶神。

铸铁犁处，一日要烧三百恶鬼。

藏身要藏得稳，保命要保得当。

人看人也不知，鬼看鬼也不见。

良魂藏去炼铁水处，好魄收去铸铁犁处。

弟子主祭坐得千年，师郎主仪活过百岁。

要藏吾本弟子的良魂，要护我这师郎的好魄。

掀开三十三块土块，良魂藏去三十三块土块。

翻开七十一块犁泥，好魄收去七十一块犁泥。

藏身要藏得稳，保命要保得当。
人看人也不知，鬼看鬼也不见。
人看只见三十三块土块，不见吾本弟子。
鬼看只见七十一块犁泥，不见我这师郎。
弟子主祭坐得千年，师郎主仪活过百岁。

要藏吾本弟子的良魂，要护我这师郎的好魄。
良魂藏去三千云朵，好魄收去三百雾团。
藏身要藏得稳，保命要保得当。
人看人也不知，鬼看鬼也不见。
人看只见三千云朵，鬼看只见三百雾团。
弟子主祭坐得千年，师郎主仪活过百岁。

要藏吾本弟子的良魂，要护我这师郎的好魄。
良魂藏去三千树叶，好魄收去三万竹叶。
藏身要藏得稳，保命要保得当。
人看人也不知，鬼看鬼也不见。
人看只见三千树叶，鬼看只见三万竹叶。
弟子主祭坐得千年，师郎主仪活过百岁。

要藏吾本弟子的良魂，要护我这师郎的好魄。
良魂藏去三千黑砖，好魄收去三万青瓦。
藏身要藏得稳，保命要保得当。
人看人也不知，鬼看鬼也不见。
人看只见三千黑砖，鬼看只见三万青瓦。
弟子主祭坐得千年，师郎主仪活过百岁。

要藏吾本弟子的良魂，要护我这师郎的好魄。
良魂藏去三千木房，好魄收去三万瓦屋。
藏身要藏得稳，保命要保得当。
人看人也不知，鬼看鬼也不见。
人看只见三千木房，鬼看只见三万瓦屋。
弟子主祭坐得千年，师郎主仪活过百岁。

要藏吾本弟子的良魂，要护我这师郎的好魄。
良魂藏去家中米桶，好魄收去屋内仓库。
米桶千上千升，仓库万上万碗。
藏身要藏得稳，保命要保得当。
人看人也不知，鬼看鬼也不见。
弟子主祭坐得千年，师郎主仪活过百岁。
良魂藏去家中米桶，好魄收去屋内仓库。

要藏吾本弟子的良魂，要护我这师郎的好魄。
良魂藏去三千湖泊，好魄收去三百池塘。
湖泊满水满泉，池塘满水满池。
藏身要藏得稳，保命要保得当。
人看人也不知，鬼看鬼也不见。
良魂藏去三千湖泊，好魄收去三百池塘。
弟子主祭坐得千年，师郎主仪活过百岁。

要藏吾本弟子的良魂，要护我这师郎的好魄。
良魂藏去三千山谷，好魄收去三百洞穴。
藏身要藏得稳，保命要保得当。
人看人也不知，鬼看鬼也不见。
人看只见三千山谷，鬼看只见三百洞穴。
弟子主祭坐得千年，师郎主仪活过百岁。

要藏吾本弟子的良魂，要护我这师郎的好魄。
良魂藏去暮莺巢中，好魄收去百鸟巢内。
藏身要藏得稳，保命要保得当。
人看人也不知，鬼看鬼也不见。
良魂藏去暮莺巢中，好魄收去百鸟巢内。
弟子主祭坐得千年，师郎主仪活过百岁。

要藏吾本弟子的良魂，要护我这师郎的好魄。
良魂藏去木柱竹柱之中，好魄收去屋柱中柱之内。
藏身要藏得稳，保命要保得当。

人看人也不知，鬼看鬼也不见。
人看只见木柱竹柱，鬼看只见屋柱中柱。
弟子主祭坐得千年，师郎主仪活过百岁。

要藏吾本弟子的良魂，要护我这师郎的好魄。
良魂藏去三千芭蕉树叶中，好魄收去三万柿子树叶内。
藏身要藏得稳，保命要保得当。
人看人也不知，鬼看鬼也不见。
人看只见三千芭蕉树叶，鬼看只见三万柿子树叶。
弟子主祭坐得千年，师郎主仪活过百岁。

要藏吾本弟子的良魂，要护我这师郎的好魄。
良魂藏去打铁铺里，好魄收去打钢铺内。
打铁铺里，一天打死三千凶神。
打钢铺内，一日打灭三百恶鬼。
藏身要藏得稳，保命要保得当。
人看人也不知，鬼看鬼也不见。
良魂藏去打铁铺里，好魄收去打钢铺内。
弟子主祭坐得千年，师郎主仪活过百岁。

要藏吾本弟子的良魂，要护我这师郎的好魄。
良魂藏去左奶宫中，好魄收去右奶宫内。
藏身得福得气，保命得力得神。
藏身要藏得稳，保命要保得当。
人看人也不知，鬼看鬼也不见。
弟子主祭坐得千年，师郎主仪活过百岁。
良魂藏去左奶宫中，好魄收去右奶宫内。

要藏吾本弟子的良魂，要护我这师郎的好魄。
良魂藏去三千梨果，好魄收去三万板栗。
三千梨果有味有汁，三万板栗有香有吃。
藏身要藏得稳，保命要保得当。
人看人也不知，鬼看鬼也不见。

人看只见三千梨果，鬼看只见三万板栗。
弟子主祭坐得千年，师郎主仪活过百岁。

巴代的蚩尤铃把上的蚩尤头像和系在把上的布条（石国鑫摄）

要藏吾本弟子的良魂，要护我这师郎的好魄。
良魂藏去打油坊里，好魄收去碾米坊内。
打油坊里，一天榨死三千凶神。
碾米坊内，一日碾死三百恶鬼。
藏身要藏得稳，保命要保得当。
人看人也不知，鬼看鬼也不见。
弟子主祭坐得千年，师郎主仪活过百岁。
人看只是打油坊里，鬼不敢去碾米坊内。

要藏吾本弟子的良魂，要护我这师郎的好魄。
良魂藏去荒山之中，好魄收去野岭之内。
藏身要藏得稳，保命要保得当。
人看人也不知，鬼看鬼也不见。
人看只见荒山成块，鬼看只见野岭成片。
弟子主祭坐得千年，师郎主仪活过百岁。

要藏吾本弟子的良魂，要护我这师郎的好魄。
良魂藏去家中祖坛，好魄收去家内神龛。
藏身要藏得稳，保命要保得当。
人看人也不知，鬼看鬼也不见。
弟子主祭坐得千年，师郎主仪活过百岁。
人看不和家中祖坛，鬼看不见家内神龛。

要藏吾本弟子的良魂，要护我这师郎的好魄。
良魂藏去三十三块神绸，好魄收去三十三块布幔。
藏身要藏得稳，保命要保得当。
人看人也不知，鬼看鬼也不见。
弟子主祭坐得千年，师郎主仪活过百岁。
人瞧只见三十三块神绸，鬼看只见三十三块布幔。

要藏吾本弟子的良魂，要护我这师郎的好魄。
良魂藏去祭祀堂中，好魄收去祭祖堂内。
祭祀堂中，千位祖师帮我加持。
祭祖堂内，百位宗师帮我拥护。
藏身要藏得稳，保命要保得当。
人看人也不知，鬼看鬼也不见。
弟子主祭坐得千年，师郎主仪活过百岁。

祖师坛前的巴代(石金津摄)

四
护 堂

【简述】

护堂，顾名思义，就是护卫坛堂、保卫祭祀场地的意思。就如人们要做好某一件事，首先得有一个良好的环境、一个牢固的基础和一种优越的条件一样，只有具备了这些环境、基础和条件，才能把这件事情做好。祭祀也是一样的，按照"阴阳一理"的原则，也必须有一个心灵（心理）上的好环境、好基础和好条件，才能使祭祀按预期顺利地进行，达到满意的效果。

过去，由于湘西苗族的居住环境凶险，人们在生活中常受自然灾害、魑魅魍魉、虎狼虫蛇、污水瘴气的侵扰，常常提心吊胆、担惊受怕，故要做事前往往先要防范各种不良因素。祭祀活动也是如此。在祭祀开始时，苗师要先用诀法神咒护卫堂殿，心里方能踏实。在祭祀中，小到堂内有人生病肚痛、口舌争吵，大到猛起恶风骤雨、乌云黑雾等，都会被认为是邪魔妖鬼在兴风作浪、兴灾作难，都会认为是苗师没有本事，没有封好堂殿所致。

在护堂神辞中，我们可看到非常原始的讲法与做法：用烟火护堂、用刺丛护堂、用大岩大石护堂、用鬼角神角护法等，这些无不是人类在原始时代利用自然环境来进行自我保护的做法。

神韵——
要唱五首的歌，要讲五轮的话。
要理五层的根，要寻五道的基。
五首的歌要唱藏身，五轮的话要说护堂。
祖师要来护堂，宗师要来护殿。

接着要来藏身，下来就要护命。
宗师要保右边，祖师要护右边。
与我弟子口讲成法，和吾师郎动手成诀。
化山就要成山，化岭就要成岭。
化水就要成水，化地就要成地。
我讲就要得灵，我做就要得顺。
弟子取得化堂华盖，师郎拿得盖殿宝伞。
前方我烧三堆大火、烧达云山（云头），
烈火猛烧、神火专门挡隔恶龙（魑魅），
后方我烧三炉大焰、烧达云岭（云端），
烈焰猛燃、神焰专门挡隔恶鬼（魍魉）。

门前我封三千鱼刺（围猎的利叉）、整日专护家堂，
门后我封三百肉刺（围猎的利签）、整夜专护家殿。
凶神不许进家，恶鬼不准进户。
清康坐得千年，安康坐过百载。

前方我烧三堆大火、烧达云山（云头），
烈火猛烧、神火专门挡隔恶龙（魑魅），
后方我烧三炉大焰、烧达云岭（云端），
烈焰猛燃、神焰专门挡隔恶鬼（魍魉）。
凶神不许回来转家，恶鬼不准回来进户。
关门清吉坐得千年，闭户安康坐过百载。

再来烧起纸团糠香、卷曲两条阳龙，
围成界线挡水，
再来烧起蜂蜡糠烟、卷曲两条阴龙，

围起界线挡火。
人看不见，鬼视不明。
人看只见三团大云，鬼看只见三重大雾。
凶神不许进家入户，恶鬼不准进门入户。
家下清吉坐得千年，屋内安康坐过百载。

再来烧起纸团糠香，祖师坐坛，
竖起一十二面铜墙，隔邪远去他处，
隔邪远去他处，已成巩固。
再来烧起蜂蜡糠烟，宗师坐殿，
竖起一十二道铁壁，隔邪远去他方，
隔邪远去他方，已成金汤。
凶神不许兴风捣乱，恶鬼不准作浪惹灾。
自在清吉坐得千年，如意安康坐过百载。

要藏一家大小，一屋老幼。
男男女女好命长命，老老少少子魂孙魂。
老的少的儿魂孙魂，大的小的好魂大福。
好命长命收在本身，好气福气系在本体。
收在他们家中粮仓，藏在他们家内粮库。
藏魂魂要得保，收魄魄要得安。
人看人也不知，鬼看鬼也不见。
凶神不许心想侵入，恶鬼不准起意侵犯。
人们清吉坐得千年，大众安康坐过百载。

前面我安黑狗龇牙，后面我立黄狗咧嘴。
左边我化饿虎龇牙，右边我放凶鹰恶鹫。
前门我安黄蜂毒针，后门我立马蜂毒刺。
凶神不许靠近里边，恶鬼不准靠近里内。
清吉平安坐得千年，康泰祥和坐过百载。

前面我安豹子威武瞪眼，后面我立狮子咧嘴龇牙。
左边我化黑脸凶兵，右边我放恶脸凶将。

前门我安乱打乱刺，后门我立乱捉乱杀。
凶神不许进入里边，恶鬼不准进到里头。
信士清吉坐得千年，户主安康坐过百载。

前面我安饿虎龇牙，后面我立恶狼咧嘴。
左边我化乱咬乱嚼，右边我放狼吞虎咽。
前门我安乌云恶云，后门我立黑雾恶雾。
凶神不许进家进门，恶鬼不准进宅进户。
凡间清吉坐得千年，凡尘安康坐过百载。

低地我化大海，川谷我化大河。
平地我立千重大岭，平洋我立百重岗峦。
峡谷我化大风倒山，川谷我化恶风倒岭。
凶神不许回身转面，恶鬼不准转面回头。
主家清吉坐得千年，主人安康坐过百载。

前方我安三千大山，后面我安三百大岭。
前方我安七十一河，后面我安八十二海。
前方我隔三千大墙，后面我隔三百大屏。
左边我围三千大钎，右边我围三百大刺。
凶神来不到堂中，恶鬼进不到堂内。

前方我安三千火铳，后面我安三百铁炮。
前方我安九千将军，后面我安百万猛将。
前方我竖三千大叉，后面我竖三百大刺。
左边我围三千大刀，右边我围三百大斧。
上空我化三千团雾，上天我化三百朵云。
前面我打三千大鼓，后面我鸣三百大锣。
凶神来不到堂中，恶鬼进不到堂内。

祖师要化土牢地牢，本师要化地牢黑牢。
要封三千凶神，要关三百恶鬼。
要封坏心邪师，要关坏肚邪教。

要封疾病瘟疫，要关胡作非为。
要封灾难时气，要关邪诀邪鬼。
要封口角争讼，要关捣乱弄非。
封在深孔之中，关在黑牢之内。
搬来大山来压，搬来大岭来盖。
莫惊莫动，莫走莫行。

护坛要用铜墙铁壁，保殿要用皇伞大盖。
铜墙铁壁隔去凶神恶鬼，皇伞大盖护住信士众人。
祖师帮我系好法身之护，宗师帮我系好华盖之带。
祖师在左帮我执刀，本师在右帮我舞抢。
祖师站齐站满，宗师站满站遍。

祖师你们要隔邪师，宗师你们要隔邪教。
邪神邪鬼，邪诀邪法。
要隔心肠不好的邪师，要隔破坏捣乱的邪教。
那些起心害人的恶魔，那些胡作非为的恶鬼。
起心害人用那邪教，为非作歹用那邪法。
挑拨教唆结仇结怨，挑事弄非结冤结仇。
统统隔去他乡别里，全部隔去他地别处。
不许来到祭祀场里，不准来临祭祖场内。
隔他远去，遣他远离。
封到深坑，关去黑洞。

"椎牛祭祀大祖神"仪式中舅爷舅娘代神领受供品的场景(周建华摄)

五
原　因

【简述】

古代苗族的生活环境和条件是凶险、恶劣的，在科技不发达、缺医少药、交通闭塞、人烟稀少、物资匮乏的情况下，人们的生活十分艰难困苦。染病患疾仅靠几棵草药，要不然就求祖神保佑，除此之外，别无他法，故而有"神药两解"的说法。

苗族先民求神保佑也是大有讲究的，即人得病之后，总是先用药治，在多处求医求药无效甚至越治越重的情况之下才想到求神。先要卜问多处，在多处皆言要求某神的情况下才会来许愿，疾病痊愈之后再来还愿。苗族人并不像有的书籍所说的崇巫尚鬼，一有病就求神敬鬼，这是不符合实情的。再者，苗族人对神是敬畏的，对鬼是憎恨的。一直以来，巴代对鬼总是驱赶再驱赶、灭除再灭除的，苗民对鬼誓不两立，何谈敬鬼。

本通鉴中的"原因"，是指讲述敬祖神的原因，即为什么要做该堂祭祀。不同的祭祀有各种不同的原因，比如家中有怪异的，要敬家祖；家人有内科病症久治无效的，要敬元祖(吃猪)甚至祭大祖(椎牛)；有伤患久治不愈的、或久旱无雨的、或家中树木多遭雷劈的，要祭雷祖；村寨瘟疫流行、口舌争斗、火灾常犯的，要敬寨祖；等等。这些都是"原因"中要讲述的神辞内容。

(一)吃猪的原因

神韵——

要唱两首的歌，要讲两轮的话。

要理两层的根，要寻两道的基。

两首的歌要唱缘起，两轮的话要说源头。

旧岁已去，新年已过。

大月来到，小月来临。

信士算得好天，择得好日。

算得某月某日，

日吉时良，清早良旦(夜晚良旦)。

一家大小，千年没烧纸团糠香，

在此敬神的门前(地楼门边)，

一屋老幼，百载没焚蜂蜡糠烟，①

在这祭祖的门外(大门后面)。

凡间没起口嘴，凡尘没起口舌。

凡间居稳，凡尘坐实。②

注：①纸团糠香、蜂蜡糠烟——一种在纸钱内包上一点蜂蜡而后揉成一团放在香炉内，再加上一些粗糠一起焚烧来敬奉神灵的香。

②居稳、坐实——意为世间没有什么大的波动。

今天焚这蜂蜡宝香，烧这纸团糠烟。

来到地楼板上，来临地楼坛中。

不为是非口嘴，不为赌咒誓盟。

不为弱肉强食，不为零乱狼藉。

只为——

很久不料家中先祖，多日不理家内先人。

家中先祖没有保佑，家内先人没有保护。

没有守好大门，忘了把守小门。

没有守好楼门，忘了把守房门。

才让瘟疫吹进家中，时气这才涌进家内。

凶神进家捣乱破坏，恶鬼进户胡作非为。

信士染疾在体，家人得病在身。

夏季得了热疾侵体，冬季得了冷病侵身。

今天焚这蜂蜡宝香，烧这纸团糠烟。

来到地楼板上，来临地楼坛中。

不为是非口嘴，不为赌咒誓盟。

不为弱肉强食，不为零乱狼藉。

只为——

信士家人出门没碰好天，户主眷属出户没遇好日。

动脚行至菜地之中，举步走到园圃之内。

行至九条路途，走到十岔路道。

行至耕作田里，走到耕种地头。

白天风刮才来得疾在体，黄昏风吹这才染病在身。

得疾浮肿浮胖，染病浮起浮胀。

身上少力，体内少气。

得疾闷胸，染病在肺。

得疾痛肠，染病痛肚。

得疾屙血，染病屙痢……

一天盼好，也不见好。

二日盼愈，也不见愈。

凡间好目也看不准，凡尘好眼也看不明。①

注：①凡间好目……看不明——指凡间俗人的眼睛看不见阴间的事情。

人们不见路走，不明道行。

没处打理，没法解除。

医治多日没有见好，治疗累月没有痊愈。

四位草药哥无方，五个草药弟无法。

信士这才取得香米从家中来，拿得白米从家内来。

去照水碗大师坛头，去看米占小师坛尾。

千神不出，百鬼不见。

只见你们——

最古的女，最老的男。^①

转目视察凡间，转眼望下凡尘。^②

不给信士作主，不予主家保护。

才让鬼魅来缠，方使恶煞来侵。

注：①最古的女，最老的男——元祖神的神名称号。

②转目、转眼——指祖神求祭，即心想要来受供的意思。此为隐语。

凡间不敢抵触，凡尘不敢抵抗。

户主不做长心，家长不敢大胆。

请人算得好天，择得好日。

喊得哥兄老弟，叫来叔爷伯子。

做成木板标良，木片许愿。^①

破碗标良，片碗许愿。^②

糠烟标良，蜡香许愿。

拿来表示要敬最古的女祖，许祭最老的男宗。

注：①标良、许愿——指标示心灵中的一种良好愿望。按照本地的习俗，在许愿时，信士要在一根银项圈或一副手镯上套一条红丝绸布带，巴代雄举行许愿仪式之后，信士将此作为许愿的标志物，收藏于衣柜或木箱里面才算了愿。到椎牛时由巴代雄通过祭仪将此布带解开才算还了愿。

②破碗、标良，片碗许愿——按照本地的习俗，在许吃猪祭愿的时候，要在一块过水洗净的小木板上摆一个破碗，内烧蜂蜡糠香，在两边扒放两块破碗片，摆在地楼板上的窗户下面才算许了愿。

祭雷神仪式中的一组雷旗(石金津摄)

副祭坛(石开森摄)

许吃猪祭愿的主祭坛（石开森摄）

(二)敬日月车祖神

神韵——

要唱两首的歌,要讲两轮的话。

要理两层的根,要寻两道的基。

两首的歌要唱缘起,两轮的话要说源头。

旧岁已去,新年已过。

大月来到,小月来临。

信士算得好天,择得好日。

算得某月某日,

日吉时良,清早良旦(夜晚良旦)。

一家大小,千年没烧纸团糠香,

在此敬神的门前,

一屋老幼,百载没焚蜂蜡糠烟,

在这祭祖的门外。

凡间没起口嘴,凡尘没起口舌。

凡间居稳,凡尘坐实。

今天焚这蜂蜡宝香,烧这纸团糠烟。

来到地楼板上,来临地楼坛中。

不为是非口嘴,不为赌咒誓盟。

不为弱肉强食,不为零乱狼藉。

只为——

千年没有打坛立地,百载没有打罐立园。①

手中没牵别家的水牯,背上没背拐别人的小儿。

手中没牵别家的黄牛,背上没背拐别人的妻室。

香炉一个,香碗一只。

聪明欺负愚蠢,富贵欺负贫穷。

被人恶口赌来(血)送喝,遭人毒嘴咒来送吃。

田角出了残谷，地尾出了败米。
毒蚁成群进家，红蚁结队进户。
凶兆出在家中，怪异出在家内。
信士家人出门没碰好天，
户主眷属出户没遇好日。
行至菜地之中，走到园圃之内。
行至九条路途，走到十岔路道。
行至耕作田里，走到耕种地头。
白天风刮才来得疾在体，
黄昏风吹这才染病在身。
得疾浮肿浮胖，染病浮起浮胀。
身上萎弱少力，体内萎靡少气。
得疾闷在胸中，染病肿胀在肺。
得疾痛在心肠，染病痛在肚肺。
得疾不断屙血，染病不停屙痢……
一天盼望得好，一天也不见好。
一日盼望痊愈，一日也不见愈。
凡间好目不能得知，凡尘好眼不能得见。

注：①打坛立地、打罐立园——传统做法，一种占地盘安家建园的方式。

人们不见路走，也都不明道行。
凡人没处打理，凡夫没法解除。
医治多日没有见好，治疗累月没有痊愈。
四位草药哥无方，五个草药弟无法。
信士取得香米从家中来，拿得白米从家内来。
去照水碗大师坛头，去看米占小师坛尾。
千神也都不出，百鬼也都不见。
只见你们——
最古的白天女车祖，最老的白日男车神。①
（最古的黑夜女车祖，最老的晚上男车神。）
你们不给作主，你们不予保护。

才让鬼魅来缠，方使恶煞来侵。

注：①最古的女车祖、最老的男车神——日月车祖神的神名称号。

凡间不做长心，凡尘不敢大胆。
信士算得好天，户主择得好日。
喊得哥兄老弟，叫来叔爷伯子。
做成九编九篾，九块九条。①
（做成七编七篾，七块七条。）
拿来表示要敬最古的白天女车祖，
许祭最老的白日男车神。
（拿来表示要敬最古的晚上女车祖，
许祭最老的黑夜男车神。）

注：①九编九篾，九块九条——按照本地的习俗，在许敬车祖神祭愿的时候，要用长约80厘米的9块篾条来交叉编成网状篾块，并摆在屋檐翘首木上才算许了愿。

敬日月车祖神的祭坛(石开林摄)

(三)敬雷神

神韵——

要唱两首的歌，要讲两轮的话。

要理两层的根，要寻两道的基。

两首的歌要唱缘起，两轮的话要说源头。

旧岁已去，新年已过。

大月来到，小月来临。

信士算得好天，择得好日。

算得某月某日，

日吉时良，清早良旦(夜晚良旦)。

一家大小，千年没烧纸团糠香，

在此敬神的门前，

一屋老幼，百载没焚蜂蜡糠烟，

在这祭祖的门外。

凡间没起口嘴，凡尘没起口舌。

凡间居稳，凡尘坐实。

敬雷神仪式中的雷神旗(石金津摄)

今天焚这蜂蜡宝香，烧这纸团糠烟。
来到屋檐之地，来临阶檐之地。
不为是非口嘴，不为赌咒誓盟。
不为弱肉强食，不为零乱狼藉。
只为——
很久不料家中先祖，多日不理家内先人。
家中先祖没有保佑，家内先人没有保护。
没有守好大门，忘了把守小门。
没有守好楼门，忘了把守房门。
才让瘟疫吹进家中，时气这才涌进家内。
凶神进家捣乱破坏，恶鬼进户胡作非为。
信士染疾在体，家人得病在身。
夏季得了热疾侵体，冬季得了冷病侵身。

今天焚这蜂蜡宝香，烧这纸团糠烟。
来到屋檐之下，来临阶檐之中。
不为是非口嘴，不为赌咒誓盟。
不为弱肉强食，不为零乱狼藉。
只为——
信士家人出门没碰好天，户主眷属出户没遇好日。
动脚行至菜地之中，举步走到园圃之内。
行至九条路途，走到十岔路道。
行至耕作田里，走到耕种地头。
白天风刮才来得疾在体，黄昏风吹这才染病在身。
得疾浮肿浮胖，染病浮起浮胀。
身上少力，体内少气。
得疾闷胸，染病在肺。
得疾痛肠，染病痛肚。
得疾屙血，染病屙痢……
一天盼好，也不见好。
二日盼愈，也不见愈。
凡间好目也看不准，凡尘好眼也看不明。

人们不见路走，不明道行。

没处打理，没法解除。

医治多日没有见好，治疗累月没有痊愈。

四位草药哥无方，五个草药弟无法。

信士这才取得香米从家中来，拿得白米从家内来。

去照水碗大师坛头，去看米占小师坛尾。

千神不出，百鬼不见。

只见你们——

七个好人，七位好众。

转目视察凡间，转眼望下凡尘。

不给信士作主，不予主家保护。

才让鬼魅来缠，方使恶煞来侵。

凡间不敢抵触，凡尘不敢抵抗。

户主不做长心，家长不敢大胆。

请人算得好天，择得好日。

喊得哥兄老弟，叫来叔爷伯子。

做成木板标良，木片许愿。

破碗标良，片碗许愿。

糠烟标良，蜡香许愿。

拿来表示要敬七个好人，许祭七位好众。

（四）求雨

洞冲一村，千年没有烧这纸团糠香，
在这苟瓜之顶，大山峻岭。
补玛一寨，百岁没有烧这蜂蜡糠烟，
在这峻岭之尖，峻岭高山。
来到大岭之顶，来临峻岭之尖。
凡间没起是非，凡尘没有口舌。
凡间居稳，凡尘坐实。

凡间的人心肠不好，凡尘的人心胸狭窄。
诽谤太阳，埋怨月亮。
诽谤三光日月，埋怨风云雾气。
不孝祖公祖婆，不孝爷娘父母。
对事不讲公道，对理不讲公平。
女人起心不良，男人胡作非为。
大家乱讲乱说，大众乱作乱为。
上天这才心里不爽，大地这才心内不悦。

上天心中不爽，大地心内不悦。
上天这才发下灾星，大地这才出现大难。
放下灾星祸害人间，出现灾难祸害凡尘。
干旱日久，凡间黎民也受不了。
久旱不雨，凡尘百姓也熬不住。

今日烧起蜂蜡糠香，在这大山之顶。
今天烧起纸团火烟，在这大岭之上。
因为我地岁大干久，我方岁长旱重。
晒成日久，干旱太长。
雨也不下，露也不降。

晒土裂岩，晒地裂坪。

晒禾枯禾，晒苗枯苗。

晒禾也枯，晒苗也坏。

裂土裂岩，裂田裂地。

枯叶枯草，坏禾坏苗。

玉米也壮不起筒，稻谷也出不起穗。

热土焦地，热地焦坪。

水吃也都没有，水洗也都没得。

甘露降去他方，雨水下到别地。

我地也居不安，我处也坐不成。

这样才来村寨商量，村寨商量众人。

商议要敬雷祖，商量要祭雷爷。

今日齐聚村中之人，寨内之众。

头顶烈日，背晒太阳。

上到山顶，上达岭尖。

买得祭雷祭龙的猪，大猪肥猪，供猪好猪。

做成绿旗满山满水，红旗满坪满地。

糍粑九堆，糯供九柱。

烧酒烤酒，甜酒好酒。

山顶齐备，皆齐皆备，

岭尖齐全，皆齐皆全。

（五）接龙

一家大小，千年没烧蜂蜡糠香，
在这堂屋之中，
一屋老幼，百载没烧纸团糠烟，
在这中堂之内。
凡尘没有纠纷，凡间没有争讼。
凡间清吉，凡尘平安。

只为家下产业不兴，家业不旺。
创家之日财运不佳，立业之时财气不旺。
缺钱少谷少米，缺财少金少银。
养狗狗也不大，养猪猪也不肥。
养狗只是瘦狗，养猪只是骨架。
养狗狗也不大，养猪猪也不旺。
水牯没有满栏，牛群没有满圈。
水牯没有成帮，黄牛没有成群。
播谷恐也不生，播米怕也不长。
家中没有谷神米神，家内没有糯神粘神。
存谷没有满仓，存米没有满库。
年头缺粮少米，年尾缺穿少食。
年头少这吃喝，年尾缺这衣粮。
一家大小，要送创家成家，立业成业。
白财进家，百宝进户。
银儿来生来养，金子来养来育。
水牯自大，黄牯自长。
养猪自肥，养狗自壮。
谷种要送满仓，米神要送满库。

户主不做长心大胆，信士不做三心二意。

这才请得先生，请得师傅。

择得吉日，选得良辰。

择得龙神归宫之期，算得福神归殿之日。

日吉时良，天地开昌。

喊得房族人等，叫得哥兄老弟。

砍得竹子，破成篾条。

买得白纸黑纸，买得红纸黄纸。

扎成龙宫，建成龙堂。

摆在堂屋，放在中宫。

我等师父，吾等师郎。

又再剪成绿旗满天，红族龙旗满地。

拿来插在两边，竖在五面。

还有五提长钱龙纸，五串长钱财帛。

插在五方，立在五位。

还有龙粑五路，福粑五街。

龙公龙母，龙娘龙爷。

龙子龙孙，龙粑糯食。

接龙堂的摆设（石国鑫摄）

（六）找新亡魂入祖籍

神韵——
一家大小，千年没烧纸团糠香，
铁刀钢锄大门之边，
一屋老幼，百载没焚蜂蜡糠烟，
铁刀钢锄边门之内。
人戴白布孝服，头插菖蒲桃枝。[1]
生竹一节，析竹一筒。
菖蒲水盘，桃叶水碗。

注：①人戴白布孝服，头插菖蒲桃枝——招新亡灵入祖籍时，巴代要头戴七尺的白帕子，头上还要插上几片菖蒲或几根桃枝以保身辟邪。

凡间居稳，凡尘坐实。
信士家人，出门没碰好天，
户主家眷，出户没遇好日。
行至菜地之中，走到园圃之内。
行至九条路途，走到十岔路道。
行至耕作田里，走到耕种地头。
白天风刮才来得疾在体，
黄昏风吹这才染病在身。
得疾浮肿浮胖，染病浮起浮胀。
身上少力，体内少气。
得疾闷胸，染病在肺。
得疾痛肠，染病痛肚。
得疾屙血，染病屙痢……
一天盼好，也不见好。
一日盼愈，也不见愈。
凡间好目不能得知，凡尘好眼不能得见。

信士取得香米从家中来，拿得白米从家内来。
去照水碗大师坛头，去看米占小师坛尾。
千神不出，百鬼不见。
只见林豆规律法则神放下的大限秤，
林且准则神放下大限钩。①
不称凡尘的大狗，不钩凡间的大猪。
称去了他的凡间气息，钩去了他的凡尘生命。

注：①林豆规律法则神、林且准则神——苗族将宇宙间最大的规律法则称为"林豆"，最大的准则称为"林且"。人的生老病死与世间其他生灵一样，都要受到这规律法则和准则的控制，不能逃脱。也称为"林豆的秤，林且的钩"。

他的三魂被鬼称去，七魂被神称去。
三魂飘风飘气，七魂飞上飞下。
三魂不在肉体，七魂不附肉身。
嘴唇弱气少气，身体弱力少气。
他才短气床头，短息床尾。
完气床头，了息床尾。
断气床头，断息床尾。
断气死了，断息死亡。

哭号之声满屋，哀号之声满门。
牵手牵臂分别凡间，喊爹喊娘分离凡尘。
烧那落气纸钱送去，焚那落气纸钱送别。
放响地铳震地，响那火炮震天。
九丈长矛报不了仇，十丈尖刀雪不了恨。
这样别去千年，如此永别万载。

主家他的家中大人，主人他的家内老人。
主家他的家中祖父，主人他的家内阿公。
主家他的家中奶奶，主人他的家内阿婆。
主家他的家中父亲，主人他的家内老爹。
主家他的家中母亲，主人他的家内阿娘。

主家他的家中老大，主人他的家内儿子。
主家他的家中儿媳，主人他的家内大嫂。
到了分离的日子，到了永别的时刻。
无常到家到户，阎王到宅到屋。
碰到路窄难通，遇到路断难行。
碰到分别难以跳过，遇到永别难以躲逃。
行到人生尽头，走到人生尽路。
怎么也推不掉，无力回天逃脱。
被那无常鬼来牵走，被那阎王鬼来捉去。

有理如山也讲不通，有据如岭也说不到。
九尺长枪报不了冤，十丈梭镖报不了仇。
大官大员也躲不开，大富大贵也逃不脱。
分开要上阴间，分别要走黄泉。
分开分去千载，分别别去万年。

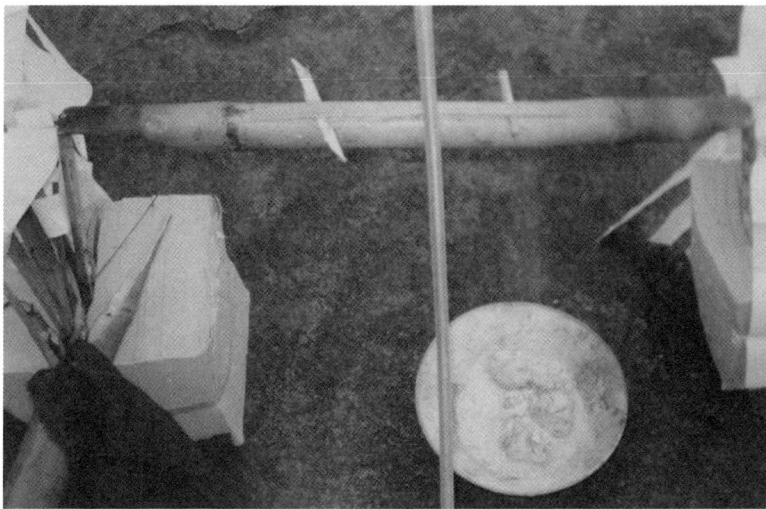

"招新亡魂入祖籍"仪式中巴代所敲的小竹柝 (石开林摄)

（七）敬家祖

今天焚这蜂蜡宝香，烧这纸团糠烟。
来到地楼板上，来临地楼坛中。
不为是非口嘴，不为赌咒誓盟。
不为弱肉强食，不为零乱狼藉。
只为——
人们用刀砍着火塘祖壁，用斧惊动火炉神位。
恐你们祖先也居不安，怕你们祖宗也坐不成。
恐你们跑去他乡别土，怕你们走去他处别地。

主家人的祖公祖婆，主人家的祖母祖父。
你们居来没守好家，你们坐来没把好门。
才让邪魔进家，才让妖鬼进户。
作祟才来得病在体，作祸才来染疾在身。
凶兆出现在家，怪异显现在户。
家中失财，户内破耗……
恐你们祖公祖婆也坐不安，怕你们祖母祖父也坐不住。
恐你们跑去他方，怕你们走去他处。

敬家祖仪式中摆在火炉后中柱下的供品（石开森摄）

（八）椎牛

神韵——
备得芭蕉叶从那大山来，备得葛藤叶在那大门边。[①]
九月来到，十月来临。
谷神回来满家满宅，米神回来满房满屋。
装满两个三个粮仓，盛满两间三间米库。
仓底扎得满满，库顶装得实实。
米粒好似银珠，谷粒如同金粒。

注：①芭蕉叶、葛藤叶——在椎牛大典中，按古例要用芭蕉叶铺在筛盘内，上摆甜酒碗供神，因此要备此芭蕉。葛藤叶实际上是指葛藤，按祭祀要求要用葛藤与棕索来捆牛，祖神才会领受。

竹叶已经落下铺地，树叶已经落完铺坪。[①]
主人家中银儿来生来育，金孙来养来发。
信士户主喜在心中，东家主人悦在心内。

注：①竹叶已经落下铺地，树叶已经落完铺坪——指秋末冬初时节，树叶已经落完了，这里所指的是农历九、十月份。

凡间没起口嘴，凡尘没起诉讼。
凡间居稳，凡尘坐实。
信士家人出门没碰好天，出户没遇好日。
行至菜地之中，走到园圃之内。
行至九条路途，走到十岔路道。
行至耕作田里，走到耕种地头。
白天风刮才来得疾在体，黄昏风吹这才染病在身。
得疾浮肿浮胖，染病浮起浮胀。
身上少力，体内少气。

得疾闷胸，染病在肺。
得疾痛肠，染病痛肚。
得疾屙血，染病屙痢……
一天盼好，也不见好。
一日盼愈，也不见愈。
凡间好目不能得知，凡尘好眼不能得见。

信士取得香米从家中来，拿得白米从家内来。
去照水碗大师坛头，去看米占小师坛尾。
千神不出，百鬼不见。
只见你们——
"林豆棍见，林且棍嘎"。
转目转望凡间，转面转望凡尘。[①]
不给作主，不予保护。
才让鬼魅来缠，方使恶煞来侵。

注：①转目、转面——指祖神求祭，即心想要来受供的意思。此为隐语。

凡间不做长心，凡尘不敢大胆。
信士算得好天，户主择得好日。
喊得哥兄老弟，叫来叔爷伯子。
凡间对你们标良也得长气，凡尘向你们许愿也得好福。

椎牛场景（周建华摄）

（九）隔化生子

神韵——
要唱两首的歌，要讲两轮的话。
要理两层的根，要寻两道的基。
两首的歌要唱缘起，两轮的话要说源头。
旧岁已去，新年已过。
大月来到，小月来临。
今日便是某月某日，
日时皆晦，白日无光（夜晚昏暗）。

神韵——
一家大小，千年没烧纸团糠香，
铁刀钢锄大门之边，
一屋老幼，百载没焚蜂蜡糠烟，
铁刀钢锄边门之内。
人戴白布孝服，头插菖蒲桃枝。[①]
生竹一节，析竹一筒。
菖蒲水盘，桃叶水碗。

凡间没有事端，凡尘没有争讼。
凡间安居，凡尘坐实。
主家的一个小儿，主人的一位小孩。
分开他的人间慈母，分别他的世间严父。
过去欠他千银百金，以前欠他千钱百财。
他也心中不服，他才肚内不愿。
要索送得才了，要取送了才完。
他才投生来家做那小儿，他也投胎到户做那小孩。
才来让人关怀，才来让人关爱。
索完欠账他便要走，讨了欠账他便要去。

要走回去阴间，要转回归黄泉。

信士取得香米从家中来，拿得白米从家内来。
去照水碗大师坛头，去看米占小师坛尾。
千神不出，百鬼不见。
只见林豆规律法则神放下的大限秤，
林且准则神放下大限钩。
不称凡尘的大狗，不钩凡间的大猪。
称去了他的凡间气息，钩去了他的凡尘生命。

他的三魂被鬼称去，七魂被神称去。
三魂飘风飘气，七魂飞上飞下。
三魂不在肉体，七魂不附肉身。
嘴唇弱气少气，身体弱力少气。
他才短气床头，短息床尾。
完气床头，了息床尾。
断气床头，断息床尾。
断气死了，断息死亡。

哭号之声满屋，哀号之声满门。
牵手牵臂分别凡间，喊爹喊娘分离凡尘。
烧那落气纸钱送去，焚那落气纸钱送别。
放响地铳震地，响那火炮震天。
九丈长矛报不了仇，十丈尖刃雪不了恨。
这样别去千年，如此永别万载。

有理如山也讲不通，有据如岭也说不到。
九尺长枪报不了冤，十丈梭镖报不了仇。
大官大员也躲不开，大富大贵也逃不脱。
分开要上阴间，分别要走黄泉。
分开分去千载，分别别去万年。

隔化生子仪式的摆设场景（石开森摄）

六
择日设坛

【简述】

　　择日设坛是苗师祭祀必须做的首件大事。在实际运作中，选择祭祀日期的基本原则有二，即喜和忌两个方面。喜是好的一面，比如天德贵人、月德贵人、福德星、福禄星、神在日等。忌是差的一面，比如鬼隔日、神隔日、老君百事忌、扬公忌、神号日等。神辞用"算得好天，择得好日，算得某月某日，某某吉时"来表达择日之意。设坛指的是设置祭祀神坛。设坛的内容大体包括场地（在什么地方）、摆些什么东西等，是用神辞向祖神陈述具体的内容。

叩了最古的女，许了最老的男。

叩了病情好了半分，许了疾厄退了半步。

叩了不能拖延，许了即要还愿。

叩了便要来迎来请，许了便要来敬来还。

某季来到，某月来临。

信士算得好天，择得好日。

算得某月某日，

日吉时良，清早良旦(夜晚良旦)。

敬祖是哥兄老弟的事，祭神是叔爷伯子的活。

这是祖宗留下的习惯，爷娘定下的规矩。

于是主人喊来哥兄老弟，叫来叔爷伯子。

借得祭祖的供桌，敬神的供案。

抬得回转，搬得回来。

转到屋檐之下，回到门外坪场。

舀得清水洗遍，泉水洗净。

洗得明明，擦得亮亮。

祭祖的供桌、拿来摆在祭祖堂中，

敬神的供案、拿来放在敬神堂内。①

注：①祭祖堂中、敬神堂内——指大门后面向地楼板一边的堂屋一角。

凡间敬祖的信士，凡尘祭神的户主。

人们这才找盘来堆，寻碗来聚。

人们取得七只好碗净碗、七个金碗银碗。

舀得清水洗好，泉水洗净。

洗得明明，擦得亮亮。

好碗净碗、拿来摆在祭祖桌上，

金碗银碗、拿来放在敬神案中。①

注：①放在敬神案中——在实际操作中碗是扑放在桌子上的，要到请得元祖神来时才翻过来斟酒。

敬奉要做九根竹条篾块，祭祀要有九块竹片篾条。

要造银钱白纸，要有金币冥钱。

这才做成做好，做好做实。

于是人们找得柴刀从家中来，寻得快刀从家内来。

先在磨岩上面磨好，先在磨石上面磨快。

行至山坡，走到竹林。

寻竹五面山头，找木六面山尾。

砍竹没有惊动五方山脉，伐木没有惊扰六处土地。

抬得回转，扛得回来。

竹根在前，竹尾在后。

转到屋檐底下，回到门外坪场。

人们推去竹丫，劈破竹竿。

劈成九根十根竹块，破成九块十块篾条。

我本弟子、剪成纸束、

穿在九根十根竹块，套在九块十块篾条。

揭开衣箱，打开衣柜。

人们取得丝绸布缎、

一边盖到地楼一头，一头铺到大门一边。[①]

注：①地楼一头、大门一边——把布铺在设置于边门后挂纸束的木架上面，这样布的一头便接在地楼上，另一头则任其吊挂在中大门边。

主坛人们设成，还要设置副坛。

大殿人们设好，还要设置副殿。

副坛设在地楼，副殿设在地板。

神屋设在地楼，小坛设在地板。[①]

大鼎摆在地楼，水罐放在地板。

两盘摆在地楼，两碗放在地板。

女人下河捞鱼，男人上山撵肉。

捞鱼也得，撵肉也获。

人们取得猎肉鲤鱼、

拿来摆在祭祖桌上，陈在敬神案中。

注：①神屋、小坛——指设置在地楼板上的副坛。一般的设置方法为扑放一个有靠背的凳子，再于上面盖上女人的古装花裙即可。也有用篾条扎成方篓式样的，但也必须盖上古装花裙才行。

小坛设得好好，大坛摆得齐齐。

小屋起好好似银屋，大坛设好好似金堂。

要买一头大猪肥猪，要寻一头活猪好猪。

于是主人带得大钱要走远方，拿得大款要去远处。

收钱在身，拿款在手。

行至交易场中，走到贸易市内。

探听经纪也喜，打问买卖也爱。

左手交去金银钱财，右手牵得卖猪绳索。

眼看在前，目望在先。

眼看不着种猪娘猪，目望不是帮猪群猪。

眼看见是一头剩猪，目望见是一只余猪。

眼看正好一头供猪，目望正是一只祭猪。

赶着回转，牵着回来。

转到屋檐底下，回到滴水坪场。

人们做成木棒捆猪，木杠捆狗。①

木棒捆猪、拿抵户主抬丧杠子，

木杠捆狗、拿抵信士抬丧杠木。

一家大小、

千年没有抬丧杠子，百载没有抬丧杠木。

祥和清泰，安康吉利。

猪叫到堂，猪喊到殿。

叫声拿抵病哼之灾，喊声拿抵哭丧之祸。

一家大小、

千年没有病哼之灾，百载没有哭丧之祸。

祥和清泰，安康吉利。

一头大猪肥猪，一只供猪好猪。

捆在堂屋之中，绑在中堂之内。

凡供要我齐备，也都皆齐皆备。

凡仪要寻齐全，也都皆齐皆全。

注：①木棒捆猪，木杠捆狗——指把供猪的四肢捆住之后，再穿上一根木棒，然后用两根木桩将脚手钉在堂屋地面上。此句的狗是为了语言对仗而说。

祭坛前主持仪式的巴代 (石开森摄)

七
借供桌

【简述】

    苗师祭祀所用的供桌大多是以借用的方式来表述的。这种表述内涵有二：其一，供桌是借来的，不能久用，送神之后必须还，因而也暗示神灵，不能久住，到时得赶快走；其二，主家并不富裕，连供桌都要和别家借，求神怜悯，保佑户主能富裕起来。同时，也说明古代苗民并不富有，大多数人家连饭桌都没有。借供桌神辞大体包括：喊来房族人等，去村里借桌子，抬回来，用清水洗净擦干，摆在敬神的地方。

人们举脚走到村中，大家举步行到寨内。
村中与人借得桌子，寨内和人借得几案。
借得敬神供桌，借来祭祖神案。
回来洗得清洁，转来抹得干净。
敬神供桌摆在堂中，祭祖神案摆在堂内。

房族人等行到村中，叔伯父子走进寨内。
行到村中借得敬神桌子，走进寨内借来祭祖神案。
抬着回到家中，扛着转到家内。
舀得井水来洗，用那泉井来抹。
洗得又清又洁又好，抹得又干又净又明。
摆在敬神堂中得稳，摆在祭祖堂内得当。

祭祖神桌借从村中，长凳短凳借从寨内。
主家入村借来祭祖神桌，主人进寨借来长凳短凳。
借得抬着回转，借获扛着回来。
摆到祭祖堂中，摆在敬神堂内。
前面人们用那井水来洗，后面人们用这泉水来抹。
洗洁洗净抹净，抹净擦光抹光。

大坛供桌，小坛供案。
祭祖供桌，敬神供案。
雷神供桌，龙神供案。
大祖供桌，大宗供案。
大桌大几，大椅大凳。
元祖大桌，元神大案。
银盘大桌，金盘大案。

敬雷神的祭坛(石金津摄)

八
摆供碗具

【简述】

　　从村里借回了供桌，摆在敬神的地方，然后要去取碗。苗家收碗的物品叫"碗窝"，是用竹子编制的一个中间凸、沿边凹的圆形竹篮子，挂在灶房内。碗扑放在上面，一来可保持碗干，二来可使灰尘杂物不落入碗内。摆供碗供具的神辞包括"取碗来摆，取盘来放，人们取得某只某只好碗净碗，取得某只某只金盘银盘来放"。这里的"碗""盘"泛指碗具，并非仅指碗、盘子。其中的"某只"是按照敬神规矩所需要用的具体数字。

主家拿钱在手，主人收币在身。
来到集市之中，走入街市之内。
买得七只八只好碗，购得八个九个好盘。
好碗碗净碗好，好盘银盘金盘。
回来洗得干净，也都抹得光亮。
人们取得七只八只金碗，主家拿得八只九只银碗。
摆在祭祖桌中，放在敬神桌上。

取碗来摆，拿盘来放。
主家碗篮取得银碗，主人碗柜拿得金盘。
七只净碗好碗，八只金碗银碗。
舀得井水洗得干净，拿好毛币擦得光亮。
七只净碗好碗在供桌之中，八只金碗银碗摆到神案之上。

敬奉祖宗要得好盘，祭奉祖神要取好碗。
好盘取出竹篮，好碗取出碗柜。
主家取得好盘从竹篮来，主人拿得好碗从木柜来。
取得七只一起，拿得八只一齐。
只只也都洗净擦好，碗盘也都洗好擦亮。
摆在祭祖神桌之中，放在祭宗神案之上。

九
砍竹、破篾、剪纸

【简述】

砍竹、破篾、剪纸都是设置坛场所必须做的事情，在术语上叫作"物化神境"，即通过用具体的物件来营造敬神时庄严肃穆的神秘气氛，达到"祭神如神在"的效果，使人产生出"毕恭毕敬"的心理，达到使心灵得到抚慰和使疾病得到减除的目的。

祭祀中的上山砍竹时，要保持虔诚之心，要选择上等好的材料；砍时要向东方倒，象征吉祥。抬回时要根部在前，尾部在后。破篾、剪纸都要小心认真去做才行。苗师所剪的纸束术语上叫作"长纸钱"，形状似一串串的铜钱。阳间人用铜钱，阴间神灵用纸钱，两者形状大体上是相同的，因而剪纸又可称为"铸造阴钱"。

敬奉要做九根竹条篾块，祭祀要有九块竹片篾条。

要造银钱白纸，要有金币冥钱。

这才做成做好，做好做实。

于是人们找得柴刀从家中来，寻得快刀从家内来。

先在磨岩上面磨好，先在磨石上面磨快。

行至山坡，走到竹林。

寻竹五面山头，找木六面山尾。

砍竹没有惊动五方山脉，伐木没有惊扰六处土地。

抬得回转，扛得回来。

竹根在前，竹尾在后。

转到屋檐底下，回到门外坪场。

人们推去竹丫，劈破竹竿。

劈成九根十根竹块，破成九块十块篾条。

我本弟子、剪成纸束、

穿在九根十根竹块，套在九块十块篾条。

揭开衣箱，打开衣柜。

人们取得丝绸布缎、

一边盖到地楼一头，一头铺到大门一边。

房族人等砍得竹子，叔伯兄弟找得木条。

竹子削得光滑，木条削得光面。

劈成篾块，削成篾条。

师郎弟子，左手拿得金剪银剪。

弟子师父，右手拿得铜剪铁剪。

剪成千张白纸钱串，剪成百张冥币钱形。

做成九杆长纸钱帛，做成十杆长纸钱币。

主家左手拿得快刀，主人右手拿得快镰。

上到山坡去找好竹，走到山上去寻好木。

砍得一根直的，找得一根好的。

扛在肩上抬回家中，抬着竹子回到家内。

劈成九块十块篾条，破成九块十块篾片。

弟子剪成长钱冥币，师郎剪成长串冥钱。

扣在九块篾片竿头，夹在九块十块竿上。

摆在祭祀堂中，插在敬祖堂内。

祭雷神、敬龙神的雷龙祭旗（石开林摄）

十
买供猪

【简述】

　　祭祀敬神所用的供猪不是自家养的，而是从市场上买来的，即使实际上所用的供猪是自家养的，在敬神的时候也必须说成是买来的。这种讲法暗示神灵：主家没有猪，猪是到市场买来的，神灵不要以为主家在养猪以供奉他们，不能几时想供就几时有供，以后不能随时求供。

　　买猪时，先要指着低价格的讲价，若讲不成便往稍高点的价格去讲，要从低价往高价去买才行，就是不能从高价往低价去买，这样做神灵不满意。

　　供猪是用来替户主抵灾的，其叫声代替主家的哀号，其受死也象征着主家的灾星八难灾除。

小坛设得好好，大坛摆得齐齐。

小屋起好好似银屋，大坛设好好似金堂。

要买一头大猪肥猪，要寻一只活猪好猪。

于是主人带得大钱要走远方，拿得大款要去远处。

带钱在身，拿款在手。

行至交易场中，走到贸易市内。

探听经纪也喜，打问买卖也爱。

左手交去金银钱财，右手牵得卖猪绳索。

眼看在前，目望在先。

眼看不着种猪娘猪，目望不是帮猪群猪。

眼看见是一头剩猪，目望见是一只余猪。

眼看正好一头供猪，目望正是一只祭猪。

赶着回转，牵着回来。

转到屋檐底下，回到滴水坪场。

人们做成木棒捆猪，木杠捆狗。

木棒捆猪、拿抵户主抬丧杠子，

木杠捆狗、拿抵信士抬丧杠木。

一家大小、

千年没有抬丧杠子，百载没有抬丧杠木。

祥和清泰，安康吉利。

猪叫到堂，猪喊到殿。

叫声拿抵病哼之灾，喊声拿抵哭丧之祸。

一家大小、

千年没有病哼之灾，百载没有哭丧之祸。

祥和清泰，安康吉利。

一头大猪肥猪，一只供猪好猪。

捆在堂屋之中，绑在中堂之内。

凡供要我齐备，也都皆齐皆备。

凡仪要寻齐全，也都皆齐皆全。

要买大猪肥猪，要购供猪好猪。

大猪肥猪要到集市去买，供猪好猪要到市场去购。

银钱摆在竹筒之中，金钱藏在钱筒之内。

收在金箱，藏在银柜。
主家开箱取得银钱，主人开柜取得金币。
竹筒之中取得大钱，钱筒之内取得钱币。
动脚走到集市，举步走进市场。
买得一头祭猪，购得一只供猪。

赶它回转，牵着回来。
捆在门外，绚在门前。
屙尿是进金水银水，拉屎成那大财大宝。
用它来换延年益寿，用它来换长命富贵。

敬雷神的供猪（石金津摄）

十一
请巴代

【简述】

巴代，是苗族特有的原始名词，其"巴"者为阳性、为上、为主、为刚、为主流之意，"代"者，为儿、为下、为从、为传承接代之意，两字合为苗族主流文化的传承者。巴代是古代苗族祭祀仪式、习俗仪式、各种社会活动仪式这三大仪式的主持者，更是苗族主流文化的传承者。因为三大仪式的主持者叫作巴代，故其所传承、主导、影响的苗族主流文化又被称为"巴代文化"，巴代也就自然而然地成为苗族的哲学家、法学家、军事家、社会活动家、天文学家、地理学家、心理学家、医学家等集苗族诸家精华于一身的文化人，自古以来一直都受到苗族人民的信任、崇敬和尊重。

"请巴代"神辞讲述户主从村上请来巴代，巴代应请后从其家祖坛拿来了在祭祀中要用的道具法器，从家中出发，来到户主家里，把这些道具法器摆在敬神的地方。

通过这些陈述让人们知道，巴代是被请才来的，正如俗话所说的那样，"有请才能行教，无请不来行教"。来要有请，去要有送，巴代才有分量和价值。

1.

祭祖要寻弟子主持，仪式要找师郎主祭。
交钱得到才能清吉，度纸得达才坐平安。
信士才去查访，主家才来查问。
查访家祖的坛头，查问先人的香火。
查访他们才得真话，查问他们才得真信。
进到我家前来奉请，来到我屋前来奉迎。
奉请我来帮他主祭，奉迎我来帮他主持。
我才背上背起祖师，我才手拿法器道具。
来到他的家中宅中，坐进他的家内屋内。

神韵——
要唱"得寿"的歌，要讲"弄代"的话。
要理"巴代"的根，要寻"巴寿"的基。①
"得寿"的歌要唱去喊巴代，"弄代"的话要说去请祖师。

注：①得寿、弄代、巴代、巴寿——都是指苗师巴代雄的苗语称谓。

凡间要人敬祖，凡尘要人主持。
敬祖要那能说之人，主持要那会讲之士。
能说我居村中，会讲我坐寨内。
信士到家来请我本弟子，进屋来迎我这师郎。
我本弟子，取得纸团宝香、蜂蜡糠烟，
竹析神筒、问事骨卦、蚩尤神铃。①
离开家中祖坛，离别家内师殿。
三咏神腔，来到信士敬祖场中。
三吟神韵，来临户主祭神堂内。
纸团宝香、蜂蜡糠烟，
竹析神筒、问事骨卦、招请神铃。
摆在祭祖场中，放在敬神堂内。

注：①竹析神筒、问事骨卦、蚩尤神铃——苗师巴代雄在吃猪祭祀中所用的道具法器。

2.

弟子我住村中，师郎我居寨内。
我住我的安乐家堂，我居我的清净家殿。
我住家堂很是清吉，我居家殿十分平安。
夏季我务农耕活，冬季我打柴割草。
养儿也可承根接祖，育孙也可传宗接代。
养儿也可传承主持，育孙也可传接主祭。
都是继承祖艺，也是传承祖教。

主持要理根基，主祭要找源头。
要理祖宗坛头，要请父母香火。
他们查访才得清楚，通过访问才得明白。
主家这才到家到户，主人他才到屋到宅。
到家来请我去给他主持，到户来迎我去给他主祭。
我也大门没关，小门也都没闭。
言辞没有推诿，嘴舌没有推辞。
嘴上答应帮他主持，口中应承帮他主祭。

答应主持先要奉请祖师出动，去帮主祭先要奉迎宗师出坛。
祖师坐在家中祖坛，宗师坐在屋内祖殿。
弟子烧起蜂蜡糠香，师郎燃起纸团火烟。
奉请千位祖师出坛也肯，奉迎百位宗师出动也应。
吾本弟子，左手拿得蜂蜡糠香。
我这师郎，右手拿得纸团火烟。
竹筒竹柝，问卜神卦。
布条神铃，击柝竹棒。
取送主家背起，拿送主人抬去。
来到主人家中，坐到主家屋内。

3.

神韵——
要唱三首的歌，要讲三轮的话。
要理三层的根，要寻三道的基。

三首的歌要唱去喊巴代，三轮的话要说去请祖师。

凡间要人敬祖，凡尘要人主持。
敬祖要那能说之人，主持要那会讲之士。
能说我居村中，会讲我坐寨内。
弟子我在村中寨中，师郎我住寨中寨内。
信士到家来请我本弟子，进屋来迎我这师郎。
我本弟子、开口应允来帮，
我这师郎、发话答应来做。
取得纸团宝香，祖师跟着纸团宝香。
拿得蜂蜡糠烟，宗师和起蜂蜡糠烟。
竹析神筒、问事骨卦、招请神铃。
弟子请来千位祖师，师郎带来百位宗师
离开家中祖坛，离别家内师殿。
三咏神腔，来到信士祭祖场中。
三吟神韵，来临户主敬神堂内。
纸团宝香、蜂蜡糠烟，
竹析神筒、问事骨卦、招请神铃。
摆在祭祖场中，放在敬神堂内。

主持要找能说会讲，主祭要找言辞伶俐。
要请巴代深有资历，要请巴寿身有资格。
深有资历前有千位祖师，身有资格后有百位宗师。
用上他们进家来请，用着他们进屋来迎。
有请才能去做，无请不能拢边。
不论哥兄老弟，不讲叔伯父子。
有请才能去帮，有奉才能去做。

主人进到家中，主家来到屋内。
开口来请我本弟子，言说来迎我这师郎。
天地可以为证，祖师可以为凭。
有请才能来到这里，有迎才能来临此间。
前头站满了主持的祖师，后面坐满了加持的宗师。

十二
请祖师

【简述】

    巴代行教是有祖师的,师教徒受,口传心授,师徒相传,代代传承,直到如今。涿鹿之战后,因为战败迁徙、四散逃亡,苗族形成了没有文字、不通王化、封闭保守等民族特点。基于历史条件的限制与束缚,为了民族的生存和发展,苗族先人以巴代所主持的三大仪式为本民族的显性文化表象,来传承苗族文化的原生基因、本根元素等只可意会、不可言传的隐性文化实质,从而使苗族形成了显性文化表象和隐性文化实质的二元文化结构。巴代在传授教法中有很多的规矩,比如品行不正者不传、女性不传、六耳不传、录写不传等。其中的六耳不传指有六只耳朵在场就不传教法,只能一对一地传授。

    苗师巴代不设法号,直呼其名,这是非常实在、朴实无华的"自我"体现,我就是我,无须遮掩,行不改名,坐不变姓。

    巴代受请来到主家后,把法器道具摆在敬神的地方,然后焚烧蜡香,再请本坛历代祖师前来加持仪式。

神韵——

诚心焚烧蜂蜡糠香，弟子要请尊敬的千位宗师，
诚意焚燃纸团火烟，师郎要请尊贵的百位祖师。
宗师坐在家中祖坛，祖师坐在家内祖殿。
要烧宝香去请，要用香烟去迎。
虔诚焚烧纸团宝香，虔诚奉请弟子的千位祖师。
虔诚烧起蜂蜡宝烟，虔诚奉迎师郎的百位宗师。
焚烧蜂蜡糠火，纸团宝香。
焚烧蜂蜡糠火，纸团宝香。
千神没有来请，百祖没有来迎。

神韵——

我要奉请五方土地，还要奉迎六路龙神，
管辖本地老祖公，管理本处老祖婆。
古代来立本村的开始祖，古时来立本寨的开始人。
一村人的总祖，一寨人的总婆。
总祖发满一村，总婆育满一寨。
还有主家的祖公祖婆，和起主人一家的先母先父。
鱼神司鱼能手郎子，肉神司肉办供郎君，
还有弟子的千位宗师，和起师郎百位祖师。
弟子的三千交钱祖师，我也查名齐来齐到。
师郎的三百度纸宗师，我也点字齐到齐临。

神韵——

闻我奉请你们来到这里，应我奉迎你们来临此间。
来到要和弟子主持，来临要与师郎主祭。
主持不要主歪主偏，主祭不要主坏主乱。
主持要送得准，主祭要送得灵。
祖师你们随前随后，宗师你们随左随右。
我讲就要得应，我说就要灵验。
我讲就要成功，我说就要准数。

神韵——

诚心焚烧蜂蜡糠香，弟子要请尊敬的千位宗师，

诚意焚燃纸团火烟，师郎要请尊贵的百位祖师。

宗师坐在家中祖坛，祖师坐在家内祖殿。

要烧宝香去请，要用香烟去迎。

虔诚焚烧纸团宝香，虔诚奉请弟子的千位祖师。

虔诚烧起蜂蜡宝烟，虔诚奉迎师郎的百位宗师。

焚烧蜂蜡糠火，纸团宝香。

焚烧蜂蜡糠火，纸团宝香。

千神没有来请，百祖没有来迎。

要来奉请——

祖太共米、共甲、

仕官、首贵、明章、巴高、

国锋、明鸿、仕贵、后宝。

祖太光朱、勇贤、光三、老七、跃恩、

席玉、江远、林华、老苟、共四、老弄、

千有、天财、进荣、腾兰。

祖太强贵、隆贵、光合、冬顺、得水。

叔公双全、祖公长先。

外祖大大、二哥……

三十一代祖师，三十二代弟子。

三千祖师交钱、查名皆齐皆遍，

三百度纸宗师、点字皆遍皆全。

闻我奉请暂离上天大堂，听我奉迎暂别天宫大殿。

暂离家中祖坛，暂别家内师殿。

暂离三十三块布条，暂别三十三块布幔。

暂离香炉，暂别香碗。

神韵——

三咏神腔、来到信士祭祖场中，

三吟神韵、来临户主敬神堂内。

来到安享纸团宝香，来临安受蜂蜡糠烟。

拥护吾本弟子，守护我这师郎。

同日有请你们莫起，同时有奉你们莫去。

神韵——
主人有纸钱冥币，纸帛冥钱。
不烧是纸是帛，烧了是钱是财。
得财拿去共分，得钱拿去共用。
收在金仓银仓，入在金库银库。
你们要和弟子交钱，都要与吾师郎度纸。
拥在左边，护在右旁。
交钱得到，度纸得达。
收起我的正魂本命，三魂七魄。
收在一十二个深洞之中，藏在一十二个好洞之内。

神韵——
诚心焚烧蜂蜡糠香，弟子要请尊敬的千位宗师，
诚意焚燃纸团火烟，师郎要请尊贵的百位祖师。
三十一代祖师，三十二代弟子。
三千祖师交钱、查名皆齐皆遍，
三百度纸宗师、点字皆遍皆全。

烧起银钱冥纸，焚起冥币钱财。
烧起蜂蜡糠香，焚起纸团火烟。
千神没有乱请，百鬼没有乱奉。
焚香要来奉请，烧纸要来奉迎。
奉请绒魁龙贵洞冲，奉迎成久长先洞寨。
我讲你们得听，我说你们得闻。
弟子闭眼观想，师郎抬眼观看。
祖师都在我的脑海，祖师坐在我的脑门。
祖师在我心念之中，宗师在我意念之内。
你们就是我们，我们就是你们。
你们就是我们的心脑神魂，我们就是你们的身体骨肉。
你们纵那香烟飘到，你们随那烟雾降临。
来到我们中间，来临我们之内。

帮助我的神腔娓娓，帮助我的神辞朗朗。
我今主持也准，我来主祭也灵。
我说千种也应，我做百样也验。

往前看去都是祖师，往后看去都是宗师。
看向左边，站齐成排，
看向右边，站齐成团。
祖师帮我神诀，宗师帮我神咒。
祖师帮我做大，宗师帮我做强。
祖师要来做成做到，宗师要来做准做好。
祖师要帮加持仪式程序送稳，
宗师要帮护持法事仪程送当。
祖师做成做准，宗师做准做到。

神韵——
烧起银钱冥纸，焚起冥币钱财。
烧起蜂蜡糠香，焚起纸团火烟。
千神没有乱请，百鬼没有乱奉。
焚香要来奉请，烧纸要来奉迎。
奉请绒魁龙贵洞冲，奉迎成久长先洞寨。
我讲你们得听，我说你们得闻。
弟子闭眼观想，师郎抬眼观看。
祖师都在我的脑海，祖师坐在我的脑门。
祖师在我心念之中，宗师在我意念之内。
你们就是我们，我们就是你们。
你们就是我们的心脑神魂，我们就是你们的身体骨肉。
你们纵那香烟飘到，你们随那烟雾降临。
来到我们中间，来临我们之内。
帮助我的神腔娓娓，帮助我的神辞朗朗。
我今主持也准，我来主祭也灵。
我说千种也应，我做百样也验。

神韵——

往前看去都是祖师，往后看去都是宗师。

看向左边，站齐成排，

看向右边，站齐成团。

祖师帮我神诀，宗师帮我神咒。

祖师帮我做大，宗师帮我做强。

祖师要来做成做到，宗师要来做准做好。

祖师要帮加持仪式程序送稳，

宗师要帮护持法事仪程送当。

祖师做成做准，宗师做准做到。

神韵——

往前看去都是祖师，往后看去都是宗师。

看向左边，站齐成排，

看向右边，站齐成团。

祖师帮我神诀，宗师帮我神咒。

祖师帮我做大，宗师帮我做强。

祖师要来做成做到，宗师要来做准做好。

祖师要帮加持仪式程序送稳，

宗师要帮护持法事仪程送当。

祖师做成做准，宗师做准做到。

神韵——

要来奉请——

三千找魂的宗师，三百寻灾的祖师。

三千抬旗，三百抬标。

三千骑驴，三百骑马。

三千抬刀渺渺在前，三百抬刃赳赳在后。

三千披袍穿甲，三百戴盔戴冠。

从家中祖坛请起，从家内祖殿请下。

来到这里，来临此间。

来到要去寻找死魂，来临要去寻找亡灵。

神韵——

要去奉请祖师威武，要去奉迎宗师威风。

吾本弟子、三番坐到敬神坛中，

我这师郎、三次坐到祭祖堂内。

千神没有来请，百祖没有来迎。

要来奉请——

三千追魂的宗师，三百赎魂的祖师。

三千抬旗，三百抬标。

三千骑驴，三百骑马。

三千抬刀渺渺在前，三百抬刃赳赳在后。

三千披袍穿甲，三百戴盔戴冠。

从家中祖坛请起，从家内祖殿请下。

来到这里，来临此间。

到边你们要驱凶鬼，到此你们要赶恶煞。

奉请扫邪宗师，杀妖官将。

七个七把绿刀，七位七杆长枪。

你坐平地，你镇妖气。

你坐高岭，你镇邪精。

照见妖鬼，扫除邪魔。

妖在家中要赶灭除，魔在家内要扫灭绝。

巴代的祖师坛（石开林摄）

十三
灭 鬼

【简述】

　　鬼在苗族人的心目中是人间灾难祸害的始作俑者和代名词，是专门害人的东西，是危害人类生存发展的不良因素。因而，苗族人对鬼是恨之入骨的。历代苗师巴代在祭祀仪式神辞中，对鬼都是"驱赶再驱赶、灭除再灭除"的，意欲将鬼置于死地而后快，是恨鬼赶鬼、驱鬼灭鬼，而并不是历代史书典籍所讲的苗族人崇巫尚鬼、敬鬼信鬼。

　　灭鬼神辞有 12 段、24 段或 36 段内容，具体要用多少，巴代在仪式中可根据时间、事态、内容及户主的诉求来定。

少气要把鬼驱，少福要把煞隔。
少气没有驱赶信士的生气儿气，
少福没有驱赶户主的洪福孙福。
户主的长气收在身中，福禄藏在体内。

赶了再赶，驱了再驱。
要赶送了，要驱送完。
要来驱赶喝水喝着牛蹄水，喝汤喝着牛脚汤。
拿木拿着腐朽木，拿棍拿着短拐棍。
坐着草把烤糠火，手拿铧镰挖草根。
有娘没得娘来养，有爹没得爹来育。
诀咒驱赶隔去、斩煞消灭，再用蜡烟隔除。
遇这糠香消散，见此蜡烟消灭。
铜隔隔去他方，铁隔隔去他处。
铜叉叉去他方，铁叉叉去他处。
驱赶以后家中便得清吉，屋宅内外平安。
驱了之后清吉没有夭折，赶了之后平安没有短命。

赶了再赶，驱了再驱。
要赶送了，要驱送完。
要来驱赶涨水来冲，垮山来压。
洪水冲去险滩，泥流冲去凶地。
高山垮山滑坡，大岭垮岩落土。
垮山滑坡，垮岩落土。
诀咒驱赶隔去，斩煞消灭，再用蜡烟隔除。
遇这糠香消散，见此蜡烟消灭。
铜隔隔去他方，铁隔隔去他处。
铜叉叉去他方，铁叉叉去他处。
驱赶以后家中便得清吉，屋宅内外平安。
驱了之后清吉没有洪水兴灾，赶了之后平安没有垮塌祸害。

赶了再赶，驱了再驱。
要赶送了，要驱送完。

要来驱赶凶神进家，恶煞进户。
凶神进家来作来闹，恶煞进户来打来杀。
凶神进家拿锁来锁，恶煞进户拿索来捆。
大锁千斤来套来锁，大索百根来捆来绑。
乱扯乱勒染灾，乱绑乱捆染祸。
诀咒驱赶隔去、斩煞消灭，再用蜡烟隔除。
遇这糠香消散，见此蜡烟消灭。
铜隔隔去他方，铁隔隔去他处。
铜叉叉去他方，铁叉叉去他处。
驱赶以后家中便得清吉，屋宅内外平安。
驱了之后清吉没有鬼锁鬼链，赶了之后平安没有鬼打鬼杀。

赶了再赶，驱了再驱。
要赶送了，要驱送完。
要来驱赶天上掉下火把星，地上烧火冲天红。
浓烟成团满村满寨，烟火凶猛满家满户。
遭那大风乱吹，遇那恶风乱窜。
家宅住房遭了天火，瓦房木房烧成灰烬。
诀咒驱赶隔去、斩煞消灭，再用蜡烟隔除。
遇这糠香消散，见此蜡烟消灭。
铜隔隔去他方，铁隔隔去他处。
铜叉叉去他方，铁叉叉去他处。
驱赶以后家中便得清吉，屋宅内外平安。
驱了之后清吉没有恶风乱吹，赶了之后平安没有火灾乱发。

赶了再赶，驱了再驱。
要赶送了，要驱送完。
要来驱赶水牯用角来抵，黄牯用角乱碰。
水牯掉下悬崖，黄牯掉下悬岩。
水牯染了牛瘟，黄牯染了时气。
要犁不到田里，要耙不到田内。
诀咒驱赶隔去、斩煞消灭，再用蜡烟隔除。
遇这糠香消散，见此蜡烟消灭。

铜隔隔去他方，铁隔隔去他处。
铜叉叉去他方，铁叉叉去他处。
驱赶以后家中便得清吉，屋宅内外平安。
驱了之后清吉没有伤牛，赶了之后平安没有伤畜。

赶了再赶，驱了再驱。
要赶送了，要驱送完。
要来驱赶恶军进村，土匪进寨。
恶军进村乱烧乱打，土匪进寨乱抢乱杀。
枪声震村，炮声震寨。
围家围宅，围房围室。
见到女人就打，见到男人就杀。
哭声震天，喊号动地。
诀咒驱赶隔去、斩煞消灭，再用蜡烟隔除。
遇这糠香消散，见此蜡烟消灭。
铜隔隔去他方，铁隔隔去他处。
铜叉叉去他方，铁叉叉去他处。
驱赶以后家中便得清吉，屋宅内外平安。
驱了之后清吉没有兵痞来抓，赶了之后平安没有抢犯来杀。

赶了再赶，驱了再驱。
要赶送了，要驱送完。
要来驱赶村中打架，寨内械斗。
女人拿刀拿刃，男人拿枪拿炮。
你进我退，我上你下。
相争要送伤你伤我，相骂要送伤心伤肺。
相打要送见伤，相斗要送见血。
也不认兄认弟，更不认亲认眷。
诀咒驱赶隔去、斩煞消灭，再用蜡烟隔除。
遇这糠香消散，见此蜡烟消灭。
铜隔隔去他方，铁隔隔去他处。
铜叉叉去他方，铁叉叉去他处。
驱赶以后家中便得清吉，屋宅内外平安。

驱了之后清吉没有打架械斗，赶了之后平安没有胡作非为。

赶了再赶，驱了再驱。
要赶送了，要驱送完。
要来驱赶女儿不听教导，男儿不听教育。
叫她莫做偏要去做，喊他莫为偏要去为。
做差不可收拾，做错不能退脚。
诀咒驱赶隔去、斩煞消灭，再用蜡烟隔除。
遇这糠香消散，见此蜡烟消灭。
铜隔隔去他方，铁隔隔去他处。
铜叉叉去他方，铁叉叉去他处。
驱赶以后家中便得清吉，屋宅内外平安。
驱了之后清吉没有错误，赶了之后平安没有失足。

赶了再赶，驱了再驱。
要赶送了，要驱送完。
要来驱赶女儿瞒母，男儿瞒父。
骂母恶言恶语，骂父恶口恶嘴。
大的不关心小的，青年不孝顺老年。
亲人拿当仇人，远的拿作近的。
大的拿当小的，老的不拿当数。
诀咒驱赶隔去、斩煞消灭，再用蜡烟隔除。
遇这糠香消散，见此蜡烟消灭。
铜隔隔去他方，铁隔隔去他处。
铜叉叉去他方，铁叉叉去他处。
驱赶以后家中便得清吉，屋宅内外平安。
驱了之后清吉没有歪心，赶了之后平安没有恶意。

赶了再赶，驱了再驱。
要赶送了，要驱送完。
要来驱赶务农没有得收，做工没有得利。
阳春遭了虫灾，庄稼遭了病害。
种下土中不见生，播下土内不见长。

生出的遭了病害，长出的遭了虫灾。

要吃不得到口，要用不得到手。

诀咒驱赶隔去、斩煞消灭，再用蜡烟隔除。

遇这糠香消散，见此蜡烟消灭。

铜隔隔去他方，铁隔隔去他处。

铜叉叉去他方，铁叉叉去他处。

驱赶以后家中便得清吉，屋宅内外平安。

驱了之后清吉没有稻瘟，赶了之后平安没有禾病。

赶了再赶，驱了再驱。

要赶送了，要驱送完。

要来驱赶七十一处做差，八十二处做错。

做差上天才来震动，做错上界才来震怒。

打那大鼓大地震抖，吹那大风上天震动。

擂动那黑乎乎的乌云，掀起那乌黑黑的浓雾。

鼓起天眼，擂动天鼓。

震破肝胆，抖裂心肺。

诀咒驱赶隔去、斩煞消灭，再用蜡烟隔除。

遇这糠香消散，见此蜡烟消灭。

铜隔隔去他方，铁隔隔去他处。

铜叉叉去他方，铁叉叉去他处。

驱赶以后家中便得清吉，屋宅内外平安。

驱了之后清吉没有惊心，赶了之后平安没有动魄。

赶了再赶，驱了再驱。

要赶送了，要驱送完。

要来驱赶左边冤家坏肠坏心，右边仇人坏口坏嘴。

前方冤家坏言坏语，后方仇人坏动坏作。

冤家对头前来捣乱，仇人暗地进行破坏。

用心作反，故意作对。

暗中挑拨，捣乱破坏。

诀咒驱赶隔去、斩煞消灭，再用蜡烟隔除。

遇这糠香消散，见此蜡烟消灭。

铜隔隔去他方，铁隔隔去他处。

铜叉叉去他方，铁叉叉去他处。

驱赶以后家中便得清吉，屋宅内外平安。

驱了之后清吉没有仇人冤家，赶了之后平安没有冤案怨仇。

要驱魑魅来到家中，魍魉进到宅内。

兴那灾星灾殃，降那灾难灾祸。

凶神来得日久，恶鬼坐得久长。

黑处来躲，暗处来藏。

黑处现头现耳，暗处现爪现脚。

现那大口咬牙，现那长舌切齿。

现嘴现齿，见爪见足。

见红见血，作蛊作怪。

恶煞没有前胸，凶鬼没有后背。

腿脚有鬃有毛，头耳有段有节。^①

忽而现前，忽而现后。

跨在床头，现在床尾。

白日现眼现目，夜晚现梦现幻。

白日他骗人子，夜晚他骗人妻。

诀咒驱赶隔去、斩煞消灭，再用蜡烟隔除。

遇这糠香驱散，见此蜡烟消灭。

铜隔隔去他方，铁隔隔去他处。

铜叉叉去他方，铁叉叉去他处。

驱赶以后家中便得清吉，屋宅内外平安。

注：①有鬃有毛、有段有节——指凶鬼恶煞奇形怪状的样子。

赶了再赶，驱了再驱。

要赶送了，要驱送完。

要驱三年噩梦恶幻，三载恶蛊恶怪。

噩梦做送人忧，恶幻做送人愁。

噩梦做送人惊，恶幻做送人怕。

梦倒大刀大刃，梦响大铳大炮。

梦垮山梁震动山岭，梦塌山崖震动山岗。

梦山也崩，梦岭也塌。

挂在陡岭，飘在悬崖。

梦在岩牢土牢，梦坐竹牢木牢。

梦落门齿，梦断门牙。

梦见红血，梦见污血。

梦吃牯肠，梦嚼牛肚。

梦吃洋葱，梦嚼洋蒜。

身前梦背柴篓，身后梦负炭篓。①

诀咒驱赶隔去、斩煞消灭，再用蜡烟隔除。

遇这糠香消散，见此蜡烟消灭。

铜隔隔去他方，铁隔隔去他处。

铜叉叉去他方，铁叉叉去他处。

驱赶以后梦也来幻，幻也来梦。

梦挖水沟，梦开水渠。

梦挖水池，梦开水塘。

梦走大路，走去京城。

梦行大道，行到国都。

好梦转到脚踩大船大舱，头戴大罗大伞。

好梦回到梨树村头，好幻转到栗树寨尾。

好梦回到家中床边，好幻转到屋内枕头。

一觉转来好睡，二觉转来好卧。

注：①梦倒大刀……负炭篓——这些内容皆是本地人们传统观念中认为不好的梦。

赶了再赶，驱了再驱。

要驱送了，要赶送完。

要驱官司官口，官非官讼。

女口男嘴，小口老嘴。

黑的讲成白的，坏的讲成好的。

结伙相欺，结伴相害。

是非口嘴，官非口舌。

教唆传谣，挑拨搬弄。

利口邀约来喝，刀舌邀众来吃。

不喝强灌口中，不吃强塞嘴内。①

诀咒驱赶隔去、斩煞消灭，再用蜡烟隔除。

遇这糠香消散，见此蜡烟消灭。

铜隔隔去他方，铁隔隔去他处。

铜叉叉去他方，铁叉叉去他处。

驱赶以后家中便得清吉，屋宅内外平安。

驱了之后清吉没有是非口嘴，赶了之后平安没有官非牢狱。

注：①不喝强塞嘴内——指强加的罪名、强迫接受的冤枉。

赶了再赶，驱了再驱。

要赶送了，要驱送完。

要驱家中病灾常作，宅内死神常犯。

病灾疾厄，悲哀死亡。

哭声常作家中，哀号常响家内。

二柱白布，麻衣孝服。

二柱篓黄，中柱篓篾。①

病床家中，尸床宅内。

病床崩床，尸床柳床。

诀咒驱赶隔去、斩煞消灭，再用蜡烟隔除。

遇这糠烟消散，见此蜡烟消灭。

铜隔隔去他方，铁隔隔去他处。

铜叉叉去他方，铁叉叉去他处。

驱赶以后家中便得清吉，屋宅内外平安。

驱了之后清吉没有灾星，赶了之后平安没有祸害。

注：①篓黄、篓篾——指出柩时唯恐家中福气随丧而去，故用篓篾将其留在家中之传统做法，在此段中统指丧事、白事。

赶了再赶，驱了再驱。

要赶送了，要驱送完。

要驱凶兆现在家中，怪异现在家内。

凶兆出让人知，怪异作送人见。

凶兆带来凶灾，怪异招来厄难。

恶蛇进家、绞搓成绳成索，^①

怪蛇进户，来做抬丧木杠。

青蛙进家，怪蛙进户。

家中出异，宅内现怪。

家中常有病哼，宅内常有病犯。

三千怪蚁进家来做病叹，三百红蚁进户来做哭丧。

大米跳在簸中，小米跳在筛内。

诀咒驱赶隔去、斩煞消灭，再用蜡烟隔除。

遇这糠香消散，见此蜡烟消灭。

铜隔隔去他方，铁隔隔去他处。

铜叉叉去他方，铁叉叉去他处。

驱赶以后家中便得清吉，屋宅内外平安。

驱了之后清吉没有凶兆，赶了之后平安没有怪异。

注：①绞搓成绳成索——指蛇交尾。

赶了再赶，驱了再驱。

要赶送了，要驱送完。

要驱凶鬼作祟，恶煞作乱。

凶鬼进屋来促来祟，恶煞进家来打来杀。

死神为殃作祸，死鬼兴灾作难。

三年煮酒不甜，三载煮饭不熟。

儿喝不长，孙吃不肥。

做事不得圆满，打铁不得锋利。

要驱两簸丧饭、摆在堂屋前方，

两筛丧供、摆在大门后面。

丧竹一节，响竹一筒。

菖蒲隔死，桃叶隔丧。^①

诀咒驱赶隔去、斩煞消灭，再用蜡烟隔除。

遇这糠香消散，见此蜡烟消灭。

铜隔隔去天涯之处，铁隔隔去海角之地。

铜叉叉去天涯之处，铁叉叉去海角之地。
驱了以后一家老小，煮酒也甜，煮饭也熟。
儿喝得长，孙吃得肥。
做事皆得圆满，打铁皆得锋利。

赶了再赶，驱了再驱。
要赶送了，要驱送完。
要驱棺材棺木，棺埋棺葬。
棺木黑屋，箱子棺椁。
木头木马丧板，丧板木马丧杠。
做棺木匠，利斧刀具。
推光推刨，墨签墨线。
诀咒驱赶隔去、斩煞消灭，再用蜡烟隔除。
遇这糠香消散，见此蜡烟消灭。
铜隔隔去他方，铁隔隔去他处。
铜叉叉去他方，铁叉叉去他处。
驱赶以后家中便得清吉，屋宅内外平安。
驱了之后清吉没有板木棺材，赶了之后平安没有棺木板盖。

赶了再赶，驱了再驱。
要赶送了，要驱送完。
要驱怪鸡家中，怪鸭宅内。
怪鸡怪鸭，鸡兆鸭兆。
狗来下崽一只，猪来下儿一双。①
鸡来进窝啄蛋，猪来进窝吃儿。
鸡窝流汁，猪窝滴血。
母鸡来啼来叫，公鸡来窝来抱。
诀咒驱赶隔去、斩煞消灭，再用蜡烟隔除。
遇这糠香消散，见此蜡烟消灭。
铜隔隔去他方，铁隔隔去他处。
铜叉叉去他方，铁叉叉去他处。
驱赶以后家中便得清吉，屋宅内外平安。

驱了之后清吉没有母猪吃儿，赶了之后平安没有鸡来啄蛋。

注：①狗来下崽一只，猪来下儿一双——本地传统观念认为狗一胎只下一只的是木棒儿，会打伤主人；猪一胎只生两头的是抬丧猪，也会殃及主人。

赶了再赶，驱了再驱。
要赶送了，要驱送完。
要驱败谷出在田里，残米出在土内。
水田栽谷不长，熟土种米不生。
播谷不均，播米不散。
田园垮孔，来做墓井。
地头塌陷，来做坟场。
谷出五月来送牛吃，米出六月来做饲料。
谷穗霉粉土粉，米穗蚁屎烂粉。
谷出凶日，米出凶辰。
诀咒驱赶隔去、斩煞消灭，再用蜡烟隔除。
遇这糠烟消散，见此蜡烟消灭。
铜隔隔去官田官坝，铁隔隔去官土官地。
铜叉叉去官田官坝，铁叉叉去官土官地。
驱赶以后好这九块土耕，彻底好这十丘地种。
播谷得生，播米得长。
播去土中、发出千苋千丛，
种去地内、长出百苋百穗。

赶了再赶，驱了再驱。
要赶送了，要驱送完。
要驱天上作蛊，天空作怪。
黑云满天，乌云盖地。
乌天黑地，乌地黑天。
大团云流，乌黑云盖。
土地的驴，当坊的马。①
红云漫天，绿云漫地。②
红桌敬神，绿桌赶鬼。③

葛藤缠脚缠腿，绳索缠臂缠手。④

要驱怪肉当途，死鸟当道。

得肉不是肉吃，得鸟不是鸟飞。

诀咒驱赶隔去、斩煞消灭，再用蜡烟隔除。

遇这糠烟消散，见此蜡烟消灭。

铜隔隔去神祠之土，铁隔隔去神管之地。

铜叉叉去神祠之土，铁叉叉去神管之地。

驱赶以后好了九条路途，彻底好了十岔路道。

千年没有怪肉当路，百载没有死鸟挡道。

注：①土地的驴，当坊的马——指虎狼，传说虎狼是当坊土地的坐骑，归土地神管。
②红云漫天，绿云漫地——指会吞食人的恶龙，传说其会变成彩虹来害人。
③红桌敬神，绿桌赶鬼——指在染患顽疾凶病时用漆上颜色的桌子敬神赶鬼。
④葛藤缠脚缠腿，绳索缠臂缠手——喻被毒蛇咬伤。

赶了再赶，驱了再驱。

要赶送了，要驱送完。

要驱毒疮伤患，药鬼纠缠。

生疮生疱，肿臭肿烂。

发炎肿大大如瓜果，发病肿壮壮似大瓜。

身前三包臭药，身后三包臭草。

药灾发臭，药患秽污。

诀咒驱赶隔去、斩煞消灭，再用蜡烟隔除。

遇这糠香消散，见此蜡烟消灭。

铜隔隔去山林堂中，铁隔隔去百草堂内。

铜叉叉去山林堂中，铁叉叉去百草堂内。

隔了之后清吉四个药兄，彻底清吉五个药弟。

千年水路不许相见，百载陆路不许相逢。

人走水路，他走陆路。

人走陆路，他走水路。

千年不许患疾上体，百载不许染病上身。

赶了再赶，驱了再驱。

要赶送了，要驱送完。

要驱五音猖鬼，七姓伤亡。

烂身烂体，烂头烂耳。

死丑死坏，死短死幼。

狗来拉屎门前，猪来撒尿门边。

猖鬼恶曜，伤亡恶煞。

猖鬼没有人理，伤亡没有人敬。[①]

诀咒驱赶隔去、斩煞消灭，再用蜡烟隔除。

遇此糠烟消散，见此蜡烟消灭。

铜隔隔去阳州以西，铁隔隔去阴州一县。

铜叉叉去阳州以西，铁叉叉去阴州一县。

驱赶以后垮山盖死猖鬼恶曜，塌岭盖严伤亡恶煞。

一家大小，

祭祖得吉，敬神得安。

卜事得准，占事得灵。

一十二路、凶煞恶曜、

我没驱了、尊贵的千位祖师帮我驱赶尽了，

一十三道、凶灾厄难、

我未赶完、高贵的百位师尊帮我赶隔完了。

我驱一手、尊贵的千位祖师帮我驱去千打千手，

我隔一道、高贵的百位师尊帮我隔去百打百道。

注：①猖鬼、伤亡——因伤而亡的人被称为非正常死亡，死后不入祖籍。

赶了再赶，驱了再驱。

要赶送了，要驱送完。

要来驱赶年头失耗，年尾破财。

失耗如同水消，破财如同山崩。

养狗狗也不长，喂猪猪也不肥。

挣钱不得到手，挣米不得到口。

财在箱中失耗，钱在袋中失落。

猪瘟时气，牛瘟马缰。

诀咒驱赶隔去、斩煞消灭,再用蜡烟隔除。

遇这糠香消散,见此蜡烟消灭。

铜隔隔去他方,铁隔隔去他处。

铜叉叉去他方,铁叉叉去他处。

驱赶以后家中便得清吉,屋宅内外平安。

驱了之后清吉没有猪瘟时气,赶了之后平安没有牛瘟马缰。

赶了再赶,驱了再驱。

要赶送了,要驱送完。

要来驱赶出门好天,转来下雨。

出门之时平安健康,转家染来灾星八难。

出门遇到阻碍干扰,出外碰着意外灾祸。

走路伤脚,行道伤腿。

碰着凶神挡路,遇着恶煞当道。

冤屈来担,冤枉来当。

官牙案子来担,是非口嘴来当。

诀咒驱赶隔去、斩煞消灭,再用蜡烟隔除。

遇这糠香消散,见此蜡烟消灭。

铜隔隔去他方,铁隔隔去他处。

铜叉叉去他方,铁叉叉去他处。

驱赶以后家中便得清吉,屋宅内外平安。

驱了之后清吉没有凶神恶煞,赶了之后平安没有凶灾厄难。

赶了再赶,驱了再驱。

要赶送了,要驱送完。

要来驱赶顽疾到家到宅,恶病到门到房。

吃药如同人们吃水,喝药如同人们喝汤。

顽疾染在身中,恶病患在体内。

热天穿大棉衣,冷天气喘欲断。

病床久困,眠床久卧。

诀咒驱赶隔去、斩煞消灭,再用蜡烟隔除。

遇这糠香消散,见此蜡烟消灭。

铜隔隔去他方,铁隔隔去他处。

铜叉叉去他方，铁叉叉去他处。
驱赶以后家中便得清吉，屋宅内外平安。
驱了之后清吉没有病魔，赶了之后平安没有顽疾。

赶了再赶，驱了再驱。
要赶送了，要驱送完。
要来驱赶耳朵听那哭丧，幻觉听到哭号。
见鬼见神在前在后，见蛊见怪在左在右。
歪嘴来啖，张口来吞。
大齿如钉，长舌如耙。
鬼头大似木桶，鬼身大如山峦。
在前要捉要抓，在后要吞要吃。
诀咒驱赶隔去、斩煞消灭，再用蜡烟隔除。
遇这糠香消散，见此蜡烟消灭。
铜隔隔去他方，铁隔隔去他处。
铜叉叉去他方，铁叉叉去他处。
驱赶以后家中便得清吉，屋宅内外平安。
驱了之后清吉没有凶煞兴风，赶了之后平安没有恶鬼作浪。

赶了再赶，驱了再驱。
要赶送了，要驱送完。
要来驱赶老虎出山来咬，豹子出岭来吃。
毒蛇出洞来咬，毒虫出穴来啄。
黄蜂蜇来肿头肿脑，毒蜂蜇来肿身肿体。
山林野兽来吃来咬，毒蛇猛兽来侵来害。
遇凶遇险，当灾当祸。
诀咒驱赶隔去、斩煞消灭，再用蜡烟隔除。
遇这糠香消散，见此蜡烟消灭。
铜隔隔去他方，铁隔隔去他处。
铜叉叉去他方，铁叉叉去他处。
驱赶以后家中便得清吉，屋宅内外平安。
驱了之后清吉没有老虎咬伤，赶了之后平安没有豹子吃人。

赶了再赶，驱了再驱。

要赶送了，要驱送完。

要来驱赶吃菜没有养身，吃饭没有养体。

吃菜碰着骨刺，吃饭遇着毒食。

吃着毒菌染患恶疾，吃着毒药染患恶病。

吃菜吃着有毒有害，吃饭吃着有灾有难。

诀咒驱赶隔去、斩煞消灭，再用蜡烟隔除。

遇这糠香消散，见此蜡烟消灭。

铜隔隔去他方，铁隔隔去他处。

铜叉叉去他方，铁叉叉去他处。

驱赶以后家中便得清吉，屋宅内外平安。

驱了之后清吉没有死神纠缠，赶了之后平安没有亡鬼祸害。

赶了再赶，驱了再驱。

要赶送了，要驱送完。

要来驱赶喝水喝着牛蹄水，喝汤喝着牛脚汤。

拿木拿着腐朽木，拿棍拿着短拐棍。

坐着草把烤糠火，手拿铧镰挖草根。

有娘没得娘来养，有爹没得爹来育。

诀咒驱赶隔去、斩煞消灭，再用蜡烟隔除。

遇这糠香消散，见此蜡烟消灭。

铜隔隔去他方，铁隔隔去他处。

铜叉叉去他方，铁叉叉去他处。

驱赶以后家中便得清吉，屋宅内外平安。

驱了之后清吉没有夭折，赶了之后平安没有短命。

赶了再赶，驱了再驱。

要赶送了，要驱送完。

要来驱赶涨水来冲，垮山来压。

洪水冲去险滩，泥流冲去凶地。

高山垮山滑坡，大岭垮岩落土。

垮山滑坡，垮岩落土。

诀咒驱赶隔去、斩煞消灭，再用蜡烟隔除。

遇这糠香消散，见此蜡烟消灭。

铜隔隔去他方，铁隔隔去他处。

铜叉叉去他方，铁叉叉去他处。

驱赶以后家中便得清吉，屋宅内外平安。

驱了之后清吉没有洪水兴灾，赶了之后平安没有垮塌祸害。

赶了再赶，驱了再驱。

要赶送了，要驱送完。

要来驱赶凶神进家，恶煞进户。

凶神进家来促来闹，恶煞进户来打来杀。

凶神进家拿锁来锁，恶煞进户拿索来捆。

大锁千斤来套来锁，大索百根来捆来绑。

乱扯乱勒染灾，乱绑乱捆染祸。

诀咒驱赶隔去、斩煞消灭，再用蜡烟隔除。

遇这糠香消散，见此蜡烟消灭。

铜隔隔去他方，铁隔隔去他处。

铜叉叉去他方，铁叉叉去他处。

驱赶以后家中便得清吉，屋宅内外平安。

驱了之后清吉没有鬼锁鬼链，赶了之后平安没有鬼打鬼杀。

赶了再赶，驱了再驱。

要赶送了，要驱送完。

要来驱赶天上掉下火把星，地上烧火冲天红。

浓烟成团满村满寨，烟火凶猛满家满户。

遭那大风乱吹，遇那恶风乱窜。

家宅住房遭了天火，瓦房木房烧成灰烬。

诀咒驱赶隔去、斩煞消灭，再用蜡烟隔除。

遇这糠香消散，见此蜡烟消灭。

铜隔隔去他方，铁隔隔去他处。

铜叉叉去他方，铁叉叉去他处。

驱赶以后家中便得清吉，屋宅内外平安。

驱了之后清吉没有恶风乱吹，赶了之后平安没有火灾乱发。

赶了再赶，驱了再驱。

要赶送了，要驱送完。

要来驱赶水牯用角来抵，黄牯用角乱碰。

水牯掉下悬崖，黄牯掉下悬岩。

水牯染了牛瘟，黄牯染了时气。

要犁不到田里，要耙不到田内。

诀咒驱赶隔去、斩煞消灭，再用蜡烟隔除。

遇这糠香消散，见此蜡烟消灭。

铜隔隔去他方，铁隔隔去他处。

铜叉叉去他方，铁叉叉去他处。

驱赶以后家中便得清吉，屋宅内外平安。

驱了之后清吉没有伤牛，赶了之后平安没有伤畜。

赶了再赶，驱了再驱。

要赶送了，要驱送完。

要来驱赶恶军进村，土匪进寨。

恶军进村乱烧乱打，土匪进寨乱抢乱杀。

枪声震村，炮声震寨。

围家围宅，围房围室。

见到女人就打，见到男人就杀。

哭声震天，喊号动地。

诀咒驱赶隔去、斩煞消灭，再用蜡烟隔除。

遇这糠香消散，见此蜡烟消灭。

铜隔隔去他方，铁隔隔去他处。

铜叉叉去他方，铁叉叉去他处。

驱赶以后家中便得清吉，屋宅内外平安。

驱了之后清吉没有兵痞来抓，赶了之后平安没有抢犯来杀。

巴代祭祖师坛的摆设（石金津摄）

椎牛仪式中的拦门礼——姑娘们用锅底灰涂舅爷老表的脸面（周建华摄）

十四
遣灾驱祸

【简述】

灾祸与鬼一样，无时无刻地、无情地影响、干扰人们的日常生活，威胁人类的生存发展。灾难祸害，在人的一生中都有可能发生，只是发生的种类、时间、程度、急缓不同而已，因此，祈求消灾免难成为人类统一的欲望和诉求。一般说来，户主家里有疾病灾难才来敬神，巴代也是为了替户主乞求消灾免难才来主持祭祀仪式，因此请祖师用神力(通过时空形态、物化神境、意识神性)来把户主家眷的灾祸驱赶遣送到天涯海角，使其不再缠绕、祸害家人，解脱灾星，从而获得吉康安泰。

遣灾驱祸实际上也是灭鬼的一种称谓与做法。

遣灾驱祸(一)

留气已了，佑福已完。
上达要来收煞，上到要来解祸。
烧好糠香、不收一家大小生气儿气，
烧好蜡烟、不收一屋老幼洪福孙福。
信士的生气收在身中，洪福系在体内。
烧好糠蜡宝香，
要收三年恶煞家中、噩梦做在床头、
是非口舌、浓烟乱起家中、
恶蛇进家、死鬼作祟、
丧杠丧车、鸡鸭作怪、
田中坟井、乌云黑雾、
毒疮伤患、狗屎门前。
收去阳州以西，解去阴州一县。
土中要收稻瘟，地头要收米疫。
要收毒蚁进家，红蚁进库。
凶兆家中，怪异家内。
收去冤家仇人、五方山地，
解送仇人冤孽，六方山脉。

神韵——
家中凶煞都要收走，宅内恶鬼都要除去。
驱赶必要收尽，驱除必须除完。
要收透透彻彻，要除干干净净。
谨焚宝香——
要收——
魑魅来到家中，魍魉进到宅内。
兴那灾星灾殃，降那灾难灾祸。
凶神来得日久，恶鬼坐得久长。

黑处来躲，暗处来藏。

黑处现头现耳，暗处现爪现脚。

现那大口咬牙，现那长舌切齿。

现嘴现齿，见爪见足。

见红见血，作蛊作怪。

恶煞没有前胸，凶鬼没有后背。

腿脚有鬃有毛，头耳有段有节。

忽而现前，忽而现后。

跨在床头，现在床尾。

白日现眼现目，夜晚现梦现幻。

白日他骗人子，夜晚他骗人妻。

都要赶到他乡别里，全部驱到他地别处。

赶到天涯东西，驱到地角南北。

赶了家中再也没有，驱了家内再也不见。

家中凶煞都要收走，宅内恶鬼都要除去。

驱赶必要收尽，驱除必须除完。

要收透透彻彻，要除干干净净。

要收——

三年噩梦恶幻，三载恶蛊恶怪。

噩梦做送人忧，恶幻做送人愁。

噩梦做送人惊，恶幻做送人怕。

梦倒大刀大刃，梦响大铳大炮。

梦垮山梁震动山岭，梦塌山崖震动山岗。

梦山也崩，梦岭也塌。

挂在陡岭，飘在悬崖。

梦在岩牢土牢，梦坐竹牢木牢。

梦落门齿，梦断门牙。

梦见红血，梦见污血。

梦吃牯肠，梦嚼牛肚。

梦吃洋葱，梦嚼洋蒜。

身前梦背柴篓，身后梦负炭篓。

都要赶到他乡别里，全部驱到他地别处。

赶到天涯东西，驱到地角南北。
赶了家中再也没有，驱了家内再也不见。
驱赶以后梦也来幻，幻也来梦。
梦挖水沟，梦开水渠。
梦挖水池，梦开水塘。
梦走大路，走去京城。
梦行大道，行到国都。
好梦转到脚踩大船大舱，头戴大罗大伞。
好梦回到梨树村头，好幻转到栗树寨尾。
好梦回到家中床边，好幻转到屋内枕头。
一觉转来好睡，二觉转来好卧。

家中凶煞都要收走，宅内恶鬼都要除去。
驱赶必要收尽，驱除必须除完。
要收透透彻彻，要除干干净净。
要收——
官司官口，官非官讼。
女口男嘴，小口老嘴。
黑的讲成白的，坏的讲成好的。
结伙相欺，结伴相害。
是非口嘴，官非口舌。
教唆传谣，挑拨搬弄。
利口邀约来喝，刀舌邀众来吃。
不喝强灌口中，不吃强塞嘴内。
都要赶到他乡别里，全部驱到他地别处。
赶到天涯东西，驱到地角南北。
赶了家中再也没有，驱了家内再也不见。

家中凶煞都要收走，宅内恶鬼都要除去。
驱赶必要收尽，驱除必须除完。
要收透透彻彻，要除干干净净。
要收——
家中病灾常作，宅内死神常犯。

病灾疾厄，悲哀死亡。
哭声常作家中，哀号常响家内。
二柱白布，麻衣孝服。
二柱篓黄，中柱篓篾。
病床家中，尸床宅内。
病床崩床，尸床柳床。
都要赶到他乡别里，全部驱到他地别处。
赶到天涯东西，驱到地角南北。
赶了家中再也没有，驱了家内再也不见。

家中凶煞都要收走，宅内恶鬼都要除去。
驱赶必要收尽，驱除必须除完。
要收透透彻彻，要除干干净净。
要收——
凶兆现在家中，怪异现在家内。
凶兆出让人知，怪异作送人见。
凶兆带来凶灾，怪异招来厄难。
恶蛇进家，绞搓成绳成索，
怪蛇进户，来做抬丧木杠。
青蛙进家，怪蛙进户。
家中出异，宅内现怪。
家中常有病哼，宅内常有病犯。
三千怪蚁进家来做病叹，三百红蚁进户来做哭丧。
大米跳在簸中，小米跳在筛内。
都要赶到他乡别里，全部驱到他地别处。
赶到天涯东西，驱到地角南北。
赶了家中再也没有，驱了家内再也不见。

家中凶煞都要收走，宅内恶鬼都要除去。
驱赶必要收尽，驱除必须除完。
要收透透彻彻，要除干干净净。
要收——
凶鬼作祟，恶煞作乱。

凶鬼进屋来作来祟，恶煞进家来打来杀。

死神为殃作祸，死鬼兴灾作难。

三年煮酒不甜，三载煮饭不熟。

儿喝不长，孙吃不肥。

做事不得圆满，打铁不得锋利。

要驱两簸丧饭、摆在堂屋前方，

两筛丧供、摆在大门后面。

丧竹一节，响竹一筒。

菖蒲隔死，桃叶隔丧。

都要赶到他乡别里，全部驱到他地别处。

赶到天涯东西，驱到地角南北。

赶了家中再也没有，驱了家内再也不见。

家中凶煞都要收走，宅内恶鬼都要除去。

驱赶必要收尽，驱除必须除完。

要收透透彻彻，要除干干净净。

要收——

棺材棺木，棺埋棺葬。

棺木黑屋，箱子棺椁。

木头木马丧板，丧板木马丧杠。

做棺木匠，利斧刀具。

推光推刨，墨签墨线。

都要赶到他乡别里，全部驱到他地别处。

赶到天涯东西，驱到地角南北。

赶了家中再也没有，驱了家内再也不见。

家中凶煞都要收走，宅内恶鬼都要除去。

驱赶必要收尽，驱除必须除完。

要收透透彻彻，要除干干净净。

要收——

怪鸡家中，怪鸭宅内。

怪鸡怪鸭，鸡兆鸭兆。

狗来下崽一只，猪来下儿一双。

鸡来进窝啄蛋，猪来进窝吃儿。

鸡窝流汁，猪窝滴血。

母鸡来啼来叫，公鸡来窝来抱。

都要赶到他乡别里，全部驱到他地别处。

赶到天涯东西，驱到地角南北。

赶了家中再也没有，驱了家内再也不见。

家中凶煞都要收走，宅内恶鬼都要除去。

驱赶必要收尽，驱除必须除完。

要收透透彻彻，要除干干净净。

要收——

败谷出在田里，残米出在地中。

水田栽谷不长，熟土种米不生。

播谷不均，播米不散。

田园垮孔，来做墓井。

地头塌陷，来做坟场。

谷出五月来送牛吃，米出六月来做饲料。

谷穗霉粉土粉，米穗蚁屎烂粉。

谷出凶日，米出凶辰。

都要赶到他乡别里，全部驱到他地别处。

赶到天涯东西，驱到地角南北。

赶了家中再也没有，驱了家内再也不见。

家中凶煞都要收走，宅内恶鬼都要除去。

驱赶必要收尽，驱除必须除完。

要收透透彻彻，要除干干净净。

要收——

天上作蛊，地下作怪。

黑云满天，乌云盖地。

乌天黑地，乌地黑天。

大团云流，乌黑云盖。

土地的驴，当坊的马。

红云漫天，绿云漫地。

红桌敬神，绿桌赶鬼。

葛藤缠脚缠腿，绳索缠臂缠手。

要驱怪肉当途，要赶死鸟当道。

得肉不是肉吃，得鸟不是鸟飞。

都要赶到他乡别里，全部驱到他地别处。

赶到天涯东西，驱到地角南北。

赶了家中再也没有，驱了家内再也不见。

家中凶煞都要收走，宅内恶鬼都要除去。

驱赶必要收尽，驱除必须除完。

要收透透彻彻，要除干干净净。

要收——

毒疮伤患，药鬼纠缠。

生疮生疱，肿臭肿烂。

发炎肿大大如瓜果，发病肿壮壮似大瓜。

身前三包臭药，身后三包臭草。

药灾发臭，药患秽污。

都要赶到他乡别里，全部驱到他地别处。

赶到天涯东西，驱到地角南北。

赶了家中再也没有，驱了家内再也不见。

家中凶煞都要收走，宅内恶鬼都要除去。

驱赶必要收尽，驱除必须除完。

要收透透彻彻，要除干干净净。

要收——

五音猖鬼，七姓伤亡。

烂身烂体，烂头烂耳。

死丑死坏，死短死幼。

狗来拉屎门前，猪来撒尿门边。

猖鬼恶曜，伤亡恶煞。

猖鬼没有人理，伤亡没有人敬。

都要赶到他乡别里，全部驱到他地别处。

赶到天涯东西，驱到地角南北。

赶了家中再也没有，驱了家内再也不见。

驱除不让有那凶神恶鬼，赶杀不让有那凶兆怪异。
要赶不让再有疾病缠体，要除不让再有灾难祸害。
驱除不让再有是非口嘴，赶杀不让再有官非欺压。
驱除不让它有躲藏之地，赶杀不让它有栖身之处。
驱除赶去完全彻底，赶杀赶去祸根断除。

赶它赶去日洞深坑，遣它遣去月穴深潭。
赶它赶去暗流让水冲去天涯，遣它遣去天坑让水冲去海角。
赶它让它永远转不到这里，遣它让它永久回不到此间。

魑魅要灭彻底，魍魉要杀干净。
灭了再灭完全彻底，杀了再杀全部干净。
灭了要灭断根断苑，杀了要杀烂体烂身。
灭了要灭魑魅之种，杀了要杀魍魉之苗。

鬼魅莫在屋角房角，邪魔莫坐房角宅角。
莫躲楼上，莫藏楼脚。
莫在穿枋，莫坐牌坊。
莫躲糯米白米桶中，莫藏小米亮米桶内。
莫躲酸肉坛里，莫藏酸鱼罐内。
不走抓发打脸、打出大门之外，右手提你翻滚。
送你滚坪烂土烂泥，滚坡烂杂烂草。
送你千年也回不转这里家堂，送你百岁也回不转此间家殿。

巴代将藏匿在主家的鬼魅恶煞驱赶上日月树并送去天涯海角（石开林摄）

遣灾驱祸（二）

保佑已了，庇荫已完。
上达要来驱灾，上到要来解难。
烧好糠香、不驱一家大小的发旺发达，
烧好蜡烟、不解一屋老幼的命运福寿。
一家的发旺缠在身中，人眷的福寿绚在体内。
烧好糠蜡宝香，
要驱三年恶煞兴灾、梦幻惊吓、
官司诉讼、火灾乱发乱兴、
家中蛊怪常作、屋内死鬼常现、
抬丧的一对木杠、飞禽怪异乱出、
田中垮孔塌陷、雷神乱打乱凿、
肿身胀体、五音伤亡。
收去阳州以西，解去阴州一县。
土中要收瘟病，地头要收瘟疫。
毒虫进到家中，毒蚁进入宅内。
家中的凶兆，宅内的怪异。
赶去五方冤家、山林土地，
遣送六路仇人、六方水域。

神韵——
要驱祸害主家的凶煞，要赶侵犯主人的恶鬼。
驱赶一个不留，驱除一点不剩。
赶得无处躲藏，驱得无影无踪。
要赶——
新年就遭失耗，尾年还在破财。
失耗如同水消，破财如同山崩。
养狗狗也不长，喂猪猪也不肥。
挣钱不得到手，挣米不得到口。

财在箱中失耗，钱在袋中失落。

猪瘟时气，牛瘟马缰。

完全驱赶无影无踪，彻底赶除阴消阳散。

赶到天边远地，驱到地头远处。

赶了不准回头，驱了不许再现。

要驱祸害主家的凶煞，要赶侵犯主人的恶鬼。

驱赶一个不留，驱除一点不剩。

赶得无躲无藏，驱得无影无踪。

要赶——

出门时天晴，回来时下雨。

出门之时平安健康，转家染来灾星八难。

出门遇到阻碍干扰，出外碰着意外灾祸。

走路伤脚，行道伤腿。

碰着凶神挡路，遇着恶煞当道。

碰着冤屈来担，遇着冤枉来当。

碰着官牙来担，遇着是非来当。

完全驱赶无影无踪，彻底赶除阴消阳散。

赶到天边远地，驱到地头远处。

赶了不准回头，驱了不许再现。

要驱祸害主家的凶煞，要赶侵犯主人的恶鬼。

驱赶一个不留，驱除一点不剩。

赶得无躲无藏，驱得无影无踪。

要赶——

坐在家中感染顽疾，居住宅内染患恶病。

吃药如同吃水不痊，喝药如同喝汤不愈。

顽疾染患在身在体，恶病染患在外在内。

热天要穿大衣棉衣，冷天气喘难出欲断。

病床久困久卧不痊，眠床久卧久困不愈。

完全驱赶无影无踪，彻底赶除阴消阳散。

赶到天边远地，驱到地头远处。

赶了不准回头，驱了不许再现。

要驱祸害主家的凶煞，要赶侵犯主人的恶鬼。

驱赶一个不留，驱除一点不剩。

赶得无躲无藏，驱得无影无踪。

要赶——

耳朵总是听到哭丧，幻觉总是听到哭号。

见鬼见神在前在后，见蛊见怪在左在右。

见那歪嘴来啖，血盆大口来吞。

见齿如同钉耙，长舌好似飘带。

鬼头大似木桶，鬼身大如山峦。

在前要捉要抓，在后要吞要啖。

完全驱赶无影无踪，彻底赶除阴消阳散。

赶到天边远地，驱到地头远处。

赶了不准回头，驱了不许再现。

要驱祸害主家的凶煞，要赶侵犯主人的恶鬼。

驱赶一个不留，驱除一点不剩。

赶得无躲无藏，驱得无影无踪。

要赶——

进山遇着虎咬，上坡撞着狼吃。

走路毒蛇来啄，行道毒虫来侵。

黄蜂蜇来肿头肿耳，毒蜂蜇来肿身肿躯。

山林野兽来吃来咬，毒蛇猛兽来侵来害。

遇凶遇险，当灾当祸。

完全驱赶无影无踪，彻底赶除阴消阳散。

赶到天边远地，驱到地头远处。

赶了不准回头，驱了不许再现。

要驱祸害主家的凶煞，要赶侵犯主人的恶鬼。

驱赶一个不留，驱除一点不剩。

赶得无躲无藏，驱得无影无踪。

要赶——

吃菜没有滋味，吃饭没有口味。

吃菜如吃毒药，吃饭如吃毒食。

吃着毒菌染患恶疾，吃着毒药染患恶病。
吃菜吃着有毒有害，吃饭吃着有灾有难。
完全驱赶无影无踪，彻底赶除阴消阳散。
赶到天边远地，驱到地头远处。
赶了不准回头，驱了不许再现。

要驱祸害主家的凶煞，要赶侵犯主人的恶鬼。
驱赶一个不留，驱除一点不剩。
赶得无躲无藏，驱得无影无踪。
要赶——
吃着牛蹄印之水，喝着牛脚印之汤。
拿着腐朽之木杈，挂着短朽之木棍。
坐着草把烤糠火，手拿铧镰挖草根。
有娘没得娘来养，有爹没得爹来育。
完全驱赶无影无踪，彻底赶除阴消阳散。
赶到天边远地，驱到地头远处。
赶了不准回头，驱了不许再现。

要驱祸害主家的凶煞，要赶侵犯主人的恶鬼。
驱赶一个不留，驱除一点不剩。
赶得无躲无藏，驱得无影无踪。
要赶——
遇着涨水来冲，撞着垮山来压。
洪水冲去险滩，泥流冲去凶地。
高山垮山滑坡，大岭垮岩落土。
垮山滑坡塌土，垮岩落土落岩。
完全驱赶无影无踪，彻底赶除阴消阳散。
赶到天边远地，驱到地头远处。
赶了不准回头，驱了不许再现。

要驱祸害主家的凶煞，要赶侵犯主人的恶鬼。
驱赶一个不留，驱除一点不剩。
赶得无躲无藏，驱得无影无踪。

要赶——

凶神恶煞进家，邪魔妖鬼进户。

凶神进家来侵来扰，恶鬼进户来祸来害。

凶神进家拿锁来锁，恶煞进户拿索来套。

大锁千斤来套来锁，大索百根来捆来绑。

乱拷乱锁染灾，乱绑乱捆染祸。

完全驱赶无影无踪，彻底赶除阴消阳散。

赶到天边远地，驱到地头远处。

赶了不准回头，驱了不许再现。

要驱祸害主家的凶煞，要赶侵犯主人的恶鬼。

驱赶一个不留，驱除一点不剩。

赶得无躲无藏，驱得无影无踪。

要赶——

天上掉下火把星，地上火灾黑烟浓。

浓烟满村满寨，火猛满家满宅。

遭那大风乱吹，遇那恶风乱窜。

家宅遭了天火，木屋烧成灰烬。

完全驱赶无影无踪，彻底赶除阴消阳散。

赶到天边远地，驱到地头远处。

赶了不准回头，驱了不许再现。

要驱祸害主家的凶煞，要赶侵犯主人的恶鬼。

驱赶一个不留，驱除一点不剩。

赶得无躲无藏，驱得无影无踪。

要赶——

水牯用角来抵，黄牯用角乱碰。

水牯掉下悬崖，黄牯掉下悬岩。

水牯染了牛瘟，黄牯染了时气。

要犁不得牛犁，要耙没有牛耙。

完全驱赶无影无踪，彻底赶除阴消阳散。

赶到天边远地，驱到地头远处。

赶了不准回头，驱了不许再现。

要驱祸害主家的凶煞，要赶侵犯主人的恶鬼。
驱赶一个不留，驱除一点不剩。
赶得无躲无藏，驱得无影无踪。
要赶——
兵勇开来进村，土匪涌来进寨。
兵勇进村乱打，土匪进寨乱杀。
吼声枪声震村，哭声喊声震寨。
围家围屋来抓，围房围室来捉。
见到女人就祸，见到男人就杀。
哭声悲声震天，喊号哀号动地。
完全驱赶无影无踪，彻底赶除阴消阳散。
赶到天边远地，驱到地头远处。
赶了不准回头，驱了不许再现。

专要驱除凶神恶鬼，专门赶杀凶兆怪异。
要消疾病缠体之灾，要除灾难祸害之侵。
驱除是非口嘴乱起，赶杀官非欺压乱发。
不让它有躲藏之地，不送它有栖身之处。
驱除赶去完全彻底，赶杀赶去祸根断除。

赶它赶去日洞深坑，遣它遣去月穴深潭。
赶它让水冲去天涯，遣它让水冲去海角。
赶它永远回转不到这里，遣它永久回不到此间。

魑魅要灭彻底，魍魉要杀干净。
灭了再灭完全彻底，杀了再杀全部干净。
灭了要灭断根断苑，杀了要杀烂体烂身。
灭了要灭魑魅之种，杀了要杀魍魉之苗。

要灭——
鬼魅莫在屋角黑角，邪魔莫坐房角暗处。
莫躲楼上，莫藏楼脚。
莫在穿枋，莫坐牌坊。

莫躲糯米白米桶中，莫藏小米亮米桶内。

莫躲酸肉坛里，莫藏酸鱼罐内。

不走抓发打脸、打出大门之外，右手提你翻滚。

送你滚坪烂土烂泥，滚坡烂杂烂草。

送你千年也回不转这里家堂，送你百岁也回不转此间家殿。

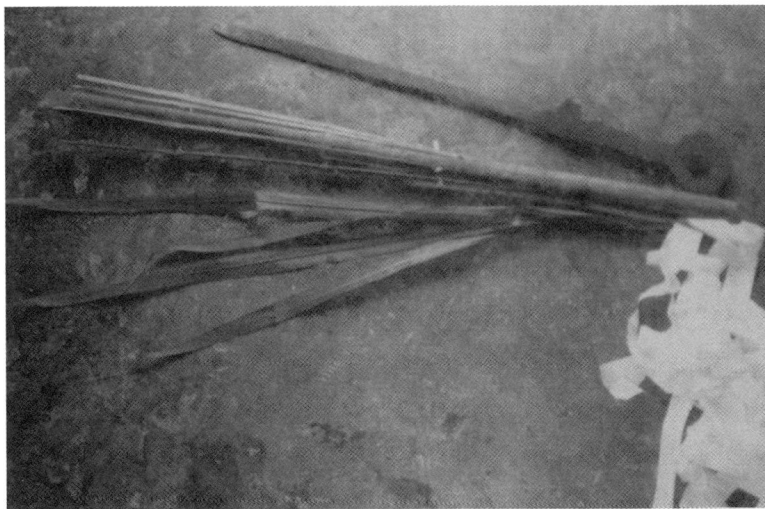

巴代用来驱赶鬼魅的长刀、刷条和茅草叶 (石开林摄)

遣灾驱祸(三)

上来留气已了，上到佑福已完。
上达要来收煞，上到要来解祸。
焚好宝香、不收一家大小生气儿气，
烧好蜡烟、不收一屋老幼洪福孙福。
信士的生气收在身中，洪福系在体内。
烧好糠蜡宝香，
要收——
三年藏在家中的魔鬼、躲在床头的噩梦、
官非是非乱起、家中火灾乱发、
恶蛇进家入户、死鬼作祟来害、
抬丧的木杠、鸡怪鸭怪作祟、
田中尽出残谷、雷祖发威发难、
毒疮毒包来发、伤亡猖鬼作祸。
收去阳州以西，解去阴州一县。
土中要收稻瘟，地头要收米疫。
要收毒蚁进家，红蚁进库。
凶兆出在家中，怪异作在家内。
收送坏肠烂肚拿走，五方山地隔去。
解送对头冤家拿去，六方山脉阻断。

神韵——
斩除藏在家中的凶煞，斩断躲在宅内的恶鬼。
斩草不能留根，斩断不能留命。
要斩要杀断除，要断要除断根。
要斩——
喝水喝着牛蹄积水，喝汤喝着牛脚积汤。
手里拿着腐朽木，拿棍拿着短拐棍。

坐草把烤路边火，拿铧镰去挖草根。

有娘生无娘来养，有爹生没爹来育。

斩杀斩得躲去他方，斩断斩得逃去别处。

斩到远方尽头，杀到远处边界。

斩了恶煞家中清吉，杀了魔鬼家内平安。

斩除藏在家中的凶煞，斩断躲在宅内的恶鬼。

斩草不能留根，斩断不能留命。

要斩要杀断除，要断要除断根。

要斩——

山洪来冲，滑坡来压。

洪水冲去无影，泥流冲去无踪。

高山垮山垮坡，大岭垮岩垮土。

垮山垮坡，垮岩垮土。

斩杀斩得躲去他方，斩断斩得逃去别处。

斩到远方尽头，杀到远处边界。

斩了恶煞家中清吉，杀了魔鬼家内平安。

斩除藏在家中的凶煞，斩断躲在宅内的恶鬼。

斩草不能留根，斩断不能留命。

要斩要杀断除，要断要除断根。

要斩——

凶神进家，恶煞进户。

凶神进家来祸来害，恶煞进户来侵来扰。

凶神进家来锁来链，恶煞进户来枷来套。

大锁千斤来套来锁，大索百根来捆来绑。

乱扯乱崩染灾，乱绑乱捉染祸。

斩杀斩得躲去他方，斩断斩得逃去别处。

斩到远方尽头，杀到远处边界。

斩了恶煞家中清吉，杀了魔鬼家内平安。

斩除藏在家中的凶煞，斩断躲在宅内的恶鬼。

斩草不能留根，斩断不能留命。

要斩要杀断除，要断要除断根。

要斩——

天上掉下怪火把，地上发起大火灾。

火灾发起满村满寨，火焰腾空满家满户。

加上大风乱吹，吹起恶风乱窜。

家宅住房烧起天火，瓦房木房烧尽烧完。

斩杀斩得躲去他方，斩断斩得逃去别处。

斩到远方尽头，杀到远处边界。

斩了恶煞家中清吉，杀了魔鬼家内平安。

斩除藏在家中的凶煞，斩断躲在宅内的恶鬼。

斩草不能留根，斩断不能留命。

要斩要杀断除，要断要除断根。

要斩——

水牯作势来抵，黄牛作怪来踏。

水牯掉落滚死，黄牛滚坎滚亡。

牛群染了瘟疫，牛马遭了灾难。

要犁死了耕牛，要耙没有牛耙。

斩杀斩得躲去他方，斩断斩得逃去别处。

斩到远方尽头，杀到远处边界。

斩了恶煞家中清吉，杀了魔鬼家内平安。

斩除藏在家中的凶煞，斩断躲在宅内的恶鬼。

斩草不能留根，斩断不能留命。

要斩要杀断除，要断要除断根。

要斩——

兵勇过路，土匪过道。

兵勇进村乱捉乱抓，土匪进寨乱抢乱杀。

吼声震村，暴声震寨。

围住家宅，围起房屋。

糟蹋女人施暴，打杀男人凶恶。

哭声震天，喊号动地。

斩杀斩得躲去他方，斩断斩得逃去别处。

斩到远方尽头，杀到远处边界。

斩了恶煞家中清吉，杀了魔鬼家内平安。

斩除藏在家中的凶煞，斩断躲在宅内的恶鬼。

斩草不能留根，斩断不能留命。

要斩要杀断除，要断要除断根。

要斩——

村中相侵，寨内相害。

女人骂天骂地，男人打架械斗。

你来我往，我凶你恶。

相争相斗伤你伤我，相打相骂伤心伤肺。

相打要送见死，相斗要送见亡。

兄妹不认哥姐，人眷不认亲戚。

斩杀斩得躲去他方，斩断斩得逃去别处。

斩到远方尽头，杀到远处边界。

斩了恶煞家中清吉，杀了魔鬼家内平安。

斩除藏在家中的凶煞，斩断躲在宅内的恶鬼。

斩草不能留根，斩断不能留命。

要斩要杀断除，要断要除断根。

要斩——

女儿不从母管，男儿不听父教。

和娘作对不认娘母，与父为敌不认亲爹。

差错不可收拾，犯罪不能退脚。

斩杀斩得躲去他方，斩断斩得逃去别处。

斩到远方尽头，杀到远处边界。

斩了恶煞家中清吉，杀了魔鬼家内平安。

斩除藏在家中的凶煞，斩断躲在宅内的恶鬼。

斩草不能留根，斩断不能留命。

要斩要杀断除，要断要除断根。
要斩——
女儿骗母，男儿骗父。
骂母乱讲乱说，骂父乱作乱为。
大小不和勾心，老少不睦闹翻。
亲人仇人颠倒，远的近的相忤。
大小不讲情理，老少不认理数。
斩杀斩得躲去他方，斩断斩得逃去别处。
斩到远方尽头，杀到远处边界。
斩了恶煞家中清吉，杀了魔鬼家内平安。

斩除藏在家中的凶煞，斩断躲在宅内的恶鬼。
斩草不能留根，斩断不能留命。
要斩要杀断除，要断要除断根。
要斩——
春播秋没得收，夏种秋没得利。
禾苗遭了病瘟，庄稼染上病害。
种下土中也不见生，播下土内也不见长。
生出的遭了病瘟，长起的就被虫吃。
要吃难到口里，要喝难到嘴内。
斩杀斩得躲去他方，斩断斩得逃去别处。
斩到远方尽头，杀到远处边界。
斩了恶煞家中清吉，杀了魔鬼家内平安。

斩除藏在家中的凶煞，斩断躲在宅内的恶鬼。
斩草不能留根，斩断不能留命。
要斩要杀断除，要断要除断根。
要斩——
七十一处有犯，八十二处有错。
有犯上天发威惩戒，有错上苍发怒惩罚。
打那大鼓发威震抖，下那大凿发怒震动。
普天是那黑乎乎的乌云，遍地都是乌黑黑的天雾。

闪动天眼，擂动天鼓。

吓破人胆，吓抖心肺。

斩杀斩得躲去他方，斩断斩得逃去别处。

斩到远方尽头，杀到远处边界。

斩了恶煞家中清吉，杀了魔鬼家内平安。

斩除藏在家中的凶煞，斩断躲在宅内的恶鬼。

斩草不能留根，斩断不能留命。

要斩要杀断除，要断要除断根。

要斩——

左边遇着坏肠坏肚，右边撞着坏嘴坏牙。

前有冤家恶言恶语，后有仇人吵闹冤枉。

前世冤家对头来作，今生仇人破坏作乱。

用心对抗，故意对立。

暗中捣乱，恶意破坏。

斩杀斩得躲去他方，斩断斩得逃去别处。

斩到远方尽头，杀到远处边界。

斩了恶煞家中清吉，杀了魔鬼家内平安。

驱除要除那些凶神恶鬼，赶杀要杀那些凶兆怪异。

不让再有千种疾病缠体，杜绝再有百种灾难祸害。

不让再有那些是非口嘴，不要再有世道官非欺压。

不让它有躲藏之地，不让它有栖身之处。

驱除赶尽完全彻底，赶杀赶去祸根断除。

赶它进到日洞深坑，遣它遣到月穴深潭。

赶它水冲冲去天涯，遣它水冲冲去海角。

让它永远转不到这里，使它永久回不到此间。

魑魅要灭彻底，魍魉要杀干净。

灭了再灭彻底，杀了再杀干净。

灭了断根断苑，杀了烂体烂身。

灭了魑魅断种，杀了魍魉断苗。

鬼魅莫在屋角暗处，邪魔莫坐房角黑地。

莫在楼上，莫坐楼脚。

莫在穿枋，莫坐牌坊。

要清糯米白米桶中，要赶小米亮米桶内。

要清酸肉坛里，要赶酸鱼罐内。

见了抓发打脸、打出大门之外，右手提你滚开。

送你滚去烂土烂泥，滚坡烂杂烂草。

送你千年也回不转家堂，送你百岁也回不转家殿。

斩除藏在家中的凶煞，斩断躲在宅内的恶鬼。

斩草不能留根，斩断不能留命。

要斩要杀断除，要断要除断根。

要斩——

斩杀斩得躲去他方，斩断斩得逃去别处。

斩到远方尽头，杀到远处边界。

斩了恶煞家中清吉，杀了魔鬼家内平安。

驱除没有凶神恶鬼，赶杀没有凶兆怪异。

要赶那种疾病缠体，要除那些灾难祸害。

驱除那些是非口嘴，赶杀那些官非欺压。

不让它有躲藏之地，不让它有栖身之处。

驱除赶去完全彻底，赶杀赶去祸根断除。

赶它赶去日洞深坑，遣它遣去月穴深潭。

赶去暗流让水冲去天涯，遣去天坑让水冲去海角。

让它永远转不到这里，让它永久回不到此间。

魑魅要灭彻底，魍魉要杀干净。

灭了再灭完全彻底，杀了再杀全部干净。

灭了要灭断根断苑，杀了要杀烂体烂身。

灭了要灭魑魅之种，杀了要杀魍魉之苗。

要灭——

鬼魅莫在屋角房角，邪魔莫坐房角宅角。

莫躲楼上，莫藏楼脚。

莫在穿枋，莫坐牌坊。

莫躲糯米白米桶中，莫藏小米亮米桶内。

莫躲酸肉坛里，莫藏酸鱼罐内。

不走抓发打脸、打出大门之外，右手提你翻滚。

送你滚坪烂土烂泥，滚坡烂杂烂草。

送你千年也回不转这里家堂，送你百岁也回不转此间家殿。

附：收凶煞鬼

魑魅来到家中，魍魉进到宅内。
兴那灾星灾殃，降那灾难灾祸。
凶神来得日久，恶鬼坐得久长。
黑处来躲，暗处来藏。
黑处现头现耳，暗处现爪现脚。
现那大口咬牙，现那长舌切齿。
现嘴现齿，见爪见足。
见红见血，作蛊作怪。
恶煞没有前胸，凶鬼没有后背。
腿脚有鬃有毛，头耳有段有节。
忽而现前，忽而现后。
跨在床头，现在床尾。
白日现眼现目，夜晚现梦现幻。
白日他骗人子，夜晚他骗人妻。

三年噩梦恶幻，三载恶蛊恶怪。
噩梦做送人忧，恶幻做送人愁。
噩梦做送人惊，恶幻做送人怕。
梦倒大刀大刃，梦响大铳大炮。
梦垮山梁震动山岭，梦塌山崖震动山岗。
梦山也崩，梦岭也塌。
挂在陡岭，飘在悬崖。
梦在岩牢土牢，梦坐竹牢木牢。
梦落门齿，梦断门牙。
梦见红血，梦见污血。
梦吃牯肠，梦嚼牛肚。
梦吃洋葱，梦嚼洋蒜。
身前梦背柴篓，身后梦负炭篓。

官司官口，官非官讼。
女口男嘴，小口老嘴。
黑的讲成白的，坏的讲成好的。
结伙相欺，结伴相害。
是非口嘴，官非口舌。
教唆传谣，挑拨搬弄。
利口邀约来喝，刀舌邀众来吃。
不喝强灌口中，不吃强塞嘴内。

家中病灾常起，宅内死神常犯。
病灾疾厄，悲哀死亡。
哭声家中常作，哀号宅内常响。
二柱白布，麻衣孝服。
二柱篓黄，中柱篓篾。
病床家中，尸床宅内。
病床崩床，尸床柳床。

凶兆现在家中，怪异现在家内。
凶兆出让人知，怪异作送人见。
凶兆带来凶灾，怪异招来厄难。
恶蛇进家，绞搓成绳成索，
怪蛇进户，来做抬丧木杠。
青蛙进家，怪蛙进户。
家中出异，宅内现怪。
家中常有病哼，宅内常有病犯。
三千怪蚁进家来做病吟，三百红蚁进户来做丧号。
大米跳在簸中，小米跳在筛内。

凶鬼作祟，恶煞作乱。
凶鬼进屋来作来祟，恶煞进家来打来杀。
死神为殃作祸，死鬼兴灾作难。
三年煮酒不甜，三载煮饭不熟。
儿喝不长，孙吃不肥。

做事不得圆满，打铁不得锋利。
要驱两簸丧饭、摆在堂屋前方，
两筛丧供、摆在大门后面。
丧竹一节，响竹一筒。
菖蒲隔死，桃叶隔丧。

棺材棺木，棺埋棺葬。
棺木黑屋，箱子棺椁。
木头木马丧板，丧板木马丧杠。
做棺木匠，利斧刀具。
推光推刨，墨签墨线。

怪鸡家中，怪鸭宅内。
怪鸡怪鸭，鸡兆鸭兆。
狗来下崽一只，猪来下儿一双。
鸡来进窝啄蛋，猪来进窝吃儿。
鸡窝流汁，猪窝滴血。
母鸡打鸣乱叫，公鸡乱窝乱抱。

败谷长在田里，残米长在土内。
水田栽谷不长，熟土种粮不生。
播谷不均，播米不匀。
田园垮孔，来做墓井。
地头塌陷，来做坟场。
谷出五月来送牛吃，米出六月来做饲料。
谷穗霉粉土粉，米穗蚁屎烂粉。
谷出凶日，米出凶辰。

天上作蛊，天空作怪。
黑云满天，黑雾满盖。
铺天盖地，乌地黑天。
大团云流，乌黑云盖。
土地的驴，当坊的马。

红云漫天，绿云漫地。
红桌敬神，绿桌赶鬼。
葛藤缠脚缠腿，绳索缠臂缠手。
要驱怪肉当途，死鸟当道。
得肉不是肉吃，得鸟不是鸟飞。

毒疮伤患，药鬼纠缠。
生疮生疱，肿臭肿烂。
发炎肿大大如瓜果，发病肿壮壮似大瓜。
身前三包臭药，身后三包臭草。
药灾发臭，药患秽污。

五音猖鬼，七姓伤亡。
烂身烂体，烂头烂耳。
死丑死坏，死短死幼。
狗来拉屎门前，猪来撒尿门边。
猖鬼恶曜，伤亡恶煞。
猖鬼没有人理，伤亡没有人敬。

巴代驱鬼锁上纸束然后烧化遣送他方（石开林摄）

十五
消灾灭煞

【简述】

    灾煞，与前面所说的鬼、灾祸一样，实际上都是一个东西，都是危害人类生存发展的不良因素。它包括我们常说的三灾八难、灾星八难、灾难祸害、凶神恶鬼、祸殃恶煞等，其中的恶煞就有天煞地煞、年煞月煞、日煞时煞、一百二十凶星恶煞等。巴代的主要作用就是为主家祈福保安。消灾灭煞是巴代必须进行的法仪之一。

    消灾灭煞实际上也是灭鬼的一种称谓与做法。

消灾灭煞(一)

魑魅要灭彻底，魍魉要杀干净。
灭了再灭完全彻底，杀了再杀全部干净。
灭了要灭断根断苑，杀了要杀烂体烂身。
灭了要灭魑魅之种，杀了要杀魍魉之苗。
要灭——
要来驱赶年头失耗，年尾破财。
失耗如同水消，破财如同山崩。
养狗狗也不长，喂猪猪也不肥。
挣钱不得到手，挣米不得到口。
财在箱中失耗，钱在袋中失落。
猪瘟时气，牛瘟马匠。
鬼魅莫在屋角房角，邪魔莫坐房角宅角。
莫躲楼上，莫藏楼脚。
莫在穿枋，莫坐牌坊。
莫躲糯米白米桶中，莫藏小米亮米桶内。
莫躲酸肉坛里，莫藏酸鱼罐内。
不走抓发打脸、打出大门之外，右手提你翻滚。
送你滚坪烂土烂泥，滚坡烂杂烂草。
送你千年也回不转这里家堂，送你百岁也回不转此间家殿。

魑魅要灭彻底，魍魉要杀干净。
灭了再灭完全彻底，杀了再杀全部干净。
灭了要灭断根断苑，杀了要杀烂体烂身。
灭了要灭魑魅之种，杀了要杀魍魉之苗。
要灭——
要来驱赶出门之日好天，转来之时下雨。
平安健康出去，灾星八难归来。
出门阻碍干扰，出外意外灾祸。

走路伤脚，行道伤腿。

碰着凶神挡路，遇着恶煞阻道。

冤屈来担，冤枉来当。

官牙案子来缠，是非口嘴来侵。

鬼魅莫在屋角房角，邪魔莫坐房角宅角。

莫躲楼上，莫藏楼脚。

莫在穿枋，莫坐牌坊。

莫躲糯米白米桶中，莫藏小米亮米桶内。

莫躲酸肉坛里，莫藏酸鱼罐内。

不走抓发打脸、打出大门之外，右手提你翻滚。

送你滚坪烂土烂泥，滚坡烂杂烂草。

送你千年也回不转这里家堂，送你百岁也回不转此间家殿。

魑魅要灭彻底，魍魉要杀干净。

灭了再灭完全彻底，杀了再杀全部干净。

灭了要灭断根断苑，杀了要杀烂体烂身。

灭了要灭魑魅之种，杀了要杀魍魉之苗。

要灭——

顽疾侵到家宅，恶病染到门房。

吃药好似吃水，喝药比如喝汤。

顽疾染在身中，恶病患在体内。

热天穿大棉衣，冷天气喘欲断。

病床久躺久困，眠床久困久卧。

鬼魅莫在屋角房角，邪魔莫坐房角宅角。

莫躲楼上，莫藏楼脚。

莫在穿枋，莫坐牌坊。

莫躲糯米白米桶中，莫藏小米亮米桶内。

莫躲酸肉坛里，莫藏酸鱼罐内。

不走抓发打脸、打出大门之外，右手提你翻滚。

送你滚坪烂土烂泥，滚坡烂杂烂草。

送你千年也回不转这里家堂，送你百岁也回不转此间家殿。

魑魅要灭彻底，魍魉要杀干净。

灭了再灭完全彻底，杀了再杀全部干净。
灭了要灭断根断苑，杀了要杀烂体烂身。
灭了要灭魑魅之种，杀了要杀魍魉之苗。
要灭——
耳朵常闻哭丧，幻觉常响哭号。
见鬼在前在后，见怪在左在右。
张口来啖，大嘴来吞。
大齿如钉，长舌如耙。
鬼头大如木桶，鬼身大如山岭。
在前来捉来抓，在后来吞来吃。
鬼魅莫在屋角房角，邪魔莫坐房角宅角。
莫躲楼上，莫藏楼脚。
莫在穿枋，莫坐牌坊。
莫躲糯米白米桶中，莫藏小米亮米桶内。
莫躲酸肉坛里，莫藏酸鱼罐内。
不走抓发打脸、打出大门之外，右手提你翻滚。
送你滚坪烂土烂泥，滚坡烂杂烂草。
送你千年也回不转这里家堂，送你百岁也回不转此间家殿。

魑魅要灭彻底，魍魉要杀干净。
灭了再灭完全彻底，杀了再杀全部干净。
灭了要灭断根断苑，杀了要杀烂体烂身。
灭了要灭魑魅之种，杀了要杀魍魉之苗。
要灭——
上山遇虎来咬，上坡豹子来吃。
毒蛇出洞来啄，毒虫出穴来侵。
黄蜂蜇来肿头，毒蜂蜇来肿身。
山林野兽来咬，毒蛇猛兽来侵。
遇凶遇险，当灾当难。
鬼魅莫在屋角房角，邪魔莫坐房角宅角。
莫躲楼上，莫藏楼脚。
莫在穿枋，莫坐牌坊。
莫躲糯米白米桶中，莫藏小米亮米桶内。

莫躲酸肉坛里，莫藏酸鱼罐内。

不走抓发打脸、打出大门之外，右手提你翻滚。

送你滚坪烂土烂泥，滚坡烂杂烂草。

送你千年也回不转这里家堂，送你百岁也回不转此间家殿。

魑魅要灭彻底，魍魉要杀干净。

灭了再灭完全彻底，杀了再杀全部干净。

灭了要灭断根断苑，杀了要杀烂体烂身。

灭了要灭魑魅之种，杀了要杀魍魉之苗。

要灭——

吃菜无滋无味，吃饭不香不甜。

吃菜吃着毒药，吃饭吃着毒食。

吃着毒菌染疾，吃着毒药染患。

吃菜有毒有害，吃饭有灾有难。

鬼魅莫在屋角房角，邪魔莫坐房角宅角。

莫躲楼上，莫藏楼脚。

莫在穿枋，莫坐牌坊。

莫躲糯米白米桶中，莫藏小米亮米桶内。

莫躲酸肉坛里，莫藏酸鱼罐内。

不走抓发打脸、打出大门之外，右手提你翻滚。

送你滚坪烂土烂泥，滚坡烂杂烂草。

送你千年也回不转这里家堂，送你百岁也回不转此间家殿。

魑魅要灭彻底，魍魉要杀干净。

灭了再灭完全彻底，杀了再杀全部干净。

灭了要灭断根断苑，杀了要杀烂体烂身。

灭了要灭魑魅之种，杀了要杀魍魉之苗。

要灭——

吃着牛蹄印水，吃着牛脚印汤。

拿着腐朽之木，挂着短朽拐棍。

坐着草把烤糠火，手拿铧镰挖草根。

娘生没得娘来养，爹生没得爹来育。

鬼魅莫在屋角房角，邪魔莫坐房角宅角。

莫躲楼上，莫藏楼脚。

莫在穿枋，莫坐牌坊。

莫躲糯米白米桶中，莫藏小米亮米桶内。

莫躲酸肉坛里，莫藏酸鱼罐内。

不走抓发打脸、打出大门之外，右手提你翻滚。

送你滚坪烂土烂泥，滚坡烂杂烂草。

送你千年也回不转这里家堂，送你百岁也回不转此间家殿。

魑魅要灭彻底，魍魉要杀干净。

灭了再灭完全彻底，杀了再杀全部干净。

灭了要灭断根断苑，杀了要杀烂体烂身。

灭了要灭魑魅之种，杀了要杀魍魉之苗。

要灭——

山洪来冲，山垮来压。

洪水冲去陡坡，泥流冲去深潭。

高山垮山滑坡，大岭垮岩落土。

垮山滑坡，垮岩落土。

鬼魅莫在屋角房角，邪魔莫坐房角宅角。

莫躲楼上，莫藏楼脚。

莫在穿枋，莫坐牌坊。

莫躲糯米白米桶中，莫藏小米亮米桶内。

莫躲酸肉坛里，莫藏酸鱼罐内。

不走抓发打脸、打出大门之外，右手提你翻滚。

送你滚坪烂土烂泥，滚坡烂杂烂草。

送你千年也回不转这里家堂，送你百岁也回不转此间家殿。

魑魅要灭彻底，魍魉要杀干净。

灭了再灭完全彻底，杀了再杀全部干净。

灭了要灭断根断苑，杀了要杀烂体烂身。

灭了要灭魑魅之种，杀了要杀魍魉之苗。

要灭——

妖魔进家，鬼怪进户。

进家兴风作浪，进户兴灾作难。

进家来锁来铐，进户来捆来绑。

千斤大锁来锁，百根大链来套。

来锁来套染灾，来铐来链染祸。

鬼魅莫在屋角房角，邪魔莫坐房角宅角。

莫躲楼上，莫藏楼脚。

莫在穿枋，莫坐牌坊。

莫躲糯米白米桶中，莫藏小米亮米桶内。

莫躲酸肉坛里，莫藏酸鱼罐内。

不走抓发打脸、打出大门之外，右手提你翻滚。

送你滚坪烂土烂泥，滚坡烂杂烂草。

送你千年也回不转这里家堂，送你百岁也回不转此间家殿。

魑魅要灭彻底，魍魉要杀干净。

灭了再灭完全彻底，杀了再杀全部干净。

灭了要灭断根断苑，杀了要杀烂体烂身。

灭了要灭魑魅之种，杀了要杀魍魉之苗。

要灭——

火把星落在村头，鬼火星掉到寨中。

浓烟满村满寨，烟火满家满户。

大风乱吹动涌，烈焰乱飘乱窜。

家宅遭了天火，木房烧成灰烬。

鬼魅莫在屋角房角，邪魔莫坐房角宅角。

莫躲楼上，莫藏楼脚。

莫在穿枋，莫坐牌坊。

莫躲糯米白米桶中，莫藏小米亮米桶内。

莫躲酸肉坛里，莫藏酸鱼罐内。

不走抓发打脸、打出大门之外，右手提你翻滚。

送你滚坪烂土烂泥，滚坡烂杂烂草。

送你千年也回不转这里家堂，送你百岁也回不转此间家殿。

魑魅要灭彻底，魍魉要杀干净。

灭了再灭完全彻底，杀了再杀全部干净。

灭了要灭断根断苑，杀了要杀烂体烂身。

灭了要灭魑魅之种，杀了要杀魍魉之苗。

要灭——

遇着水牯来抵，撞着黄牛乱踏。

水牯掉下悬崖，黄牛掉下悬岩。

水牯染了牛瘟，黄牛染了时气。

要犁不到田里，要耙不到田内。

鬼魅莫在屋角房角，邪魔莫坐房角宅角。

莫躲楼上，莫藏楼脚。

莫在穿枋，莫坐牌坊。

莫躲糯米白米桶中，莫藏小米亮米桶内。

莫躲酸肉坛里，莫藏酸鱼罐内。

不走抓发打脸、打出大门之外，右手提你翻滚。

送你滚坪烂土烂泥，滚坡烂杂烂草。

送你千年也回不转这里家堂，送你百岁也回不转此间家殿。

魑魅要灭彻底，魍魉要杀干净。

灭了再灭完全彻底，杀了再杀全部干净。

灭了要灭断根断苑，杀了要杀烂体烂身。

灭了要灭魑魅之种，杀了要杀魍魉之苗。

要灭——

兵勇进村入寨，土匪进家入户。

兵勇乱捉乱抓，土匪乱抢乱杀。

吼声响起震村，杀声响得抖寨。

围家围宅来抓，围房围室来捉。

见到女人就打，见到男人就杀。

哭声喊号震天，哀声泣声震地。

鬼魅莫在屋角房角，邪魔莫坐房角宅角。

莫躲楼上，莫藏楼脚。

莫在穿枋，莫坐牌坊。

莫躲糯米白米桶中，莫藏小米亮米桶内。

莫躲酸肉坛里，莫藏酸鱼罐内。

不走抓发打脸、打出大门之外，右手提你翻滚。

送你滚坪烂土烂泥，滚坡烂杂烂草。

送你千年也回不转这里家堂，送你百岁也回不转此间家殿。

驱赶隔除凶神恶鬼，赶杀遣散凶兆怪异。
不让再有疾病缠体，不能再有灾难祸害。
不让再有是非口嘴，不能再有官非欺压。
不让它有躲藏之地，不让它有栖身之处。
驱除赶去完全彻底，赶杀赶去祸根断除。
赶它赶去日洞深坑，遣它遣去月穴深潭。
赶它让水冲去天涯，遣它让水冲去海角。
让它永远转不到这里，遣它永久回不到此间。
魑魅要灭彻底，魍魉要杀干净。
灭了再灭完全彻底，杀了再杀全部干净。
灭了要灭断根断苑，杀了要杀烂体烂身。
灭了要灭魑魅之种，杀了要杀魍魉之苗。
鬼魅莫在屋角房角，邪魔莫坐房角宅角。
莫躲楼上，莫藏楼脚。
莫在穿枋，莫坐牌坊。
莫躲糯米白米桶中，莫藏小米亮米桶内。
莫躲酸肉坛里，莫藏酸鱼罐内。
不走抓发打脸、打出大门之外，右手提你翻滚。
送你滚坪烂土烂泥，滚坡烂杂烂草。
送你千年也回不转这里家堂，送你百岁也回不转此间家殿。

巴代驱赶鬼魅上日月柱然后遣送他方（石开林摄）

消灾灭煞（二）

魑魅要灭彻底，魍魉要杀干净。
灭了再灭完全彻底，杀了再杀全部干净。
灭了要灭断根断苑，杀了要杀烂体烂身。
灭了要灭魑魅之种，杀了要杀魍魉之苗。
要灭——
要驱家中魑魅，要除宅内魍魉。
兴那灾星灾殃，降那灾难灾祸。
凶神来得日久，恶鬼坐得久长。
黑处魑魅乱躲，暗处魍魉乱藏。
黑处现头现耳，暗处现爪现脚。
现那大口咬牙，现那长舌切齿。
现嘴现齿，见爪见足。
见红见血，作蛊作怪。
恶煞不见前胸，凶鬼不见后背。
腿脚有鬈有毛，头耳有段有节。
忽而在前，忽而见后。
跨在床头，现在床尾。
白日现眼现目，夜晚现梦现幻。
白日他骗人子，夜晚他骗人妻。
鬼魅莫在屋角房角，邪魔莫坐房角宅角。
莫躲楼上，莫藏楼脚。
莫在穿枋，莫坐牌坊。
莫躲糯米白米桶中，莫藏小米亮米桶内。
莫躲酸肉坛里，莫藏酸鱼罐内。
不走抓发打脸、打出大门之外，右手提你翻滚。
送你滚坪烂土烂泥，滚坡烂杂烂草。
送你千年也回不转这里家堂，送你百岁也回不转此间家殿。

魑魅要灭彻底，魍魉要杀干净。

灭了再灭完全彻底，杀了再杀全部干净。

灭了要灭断根断苑，杀了要杀烂体烂身。

灭了要灭魑魅之种，杀了要杀魍魉之苗。

要灭——

要驱三年噩梦，要赶三载恶幻。

噩梦做送人忧，恶幻做送人愁。

噩梦做送人惊，恶幻做送人怕。

梦倒大刀大斧，梦响大铳大炮。

垮山震动山梁，塌崖震动山岗。

梦山山崩山垮，梦岭岭垮岭塌。

挂在陡坡陡岭，飘在悬崖悬岩。

梦在岩牢土牢，梦坐竹牢木牢。

梦落门齿，梦断门牙。

梦见红血，梦见污血。

梦吃牯肠，梦嚼牛肚。

梦吃洋葱，梦嚼洋蒜。

身前梦背柴篓，身后梦负炭篓。

鬼魅莫在屋角房角，邪魔莫坐房角宅角。

莫躲楼上，莫藏楼脚。

莫在穿枋，莫坐牌坊。

莫躲糯米白米桶中，莫藏小米亮米桶内。

莫躲酸肉坛里，莫藏酸鱼罐内。

不走抓发打脸、打出大门之外，右手提你翻滚。

送你滚坪烂土烂泥，滚坡烂杂烂草。

送你千年也回不转这里家堂，送你百岁也回不转此间家殿。

驱赶以后梦也来幻，幻也来梦。

梦挖水沟，梦开水渠。

梦挖水池，梦开水塘。

梦走大路，走去京城。

梦行大道，行到国都。

好梦转到脚踩大船大舱，头戴大罗大伞。

好梦回到梨树村头，好幻转到栗树寨尾。

好梦回到家中床边，好幻转到屋内枕头。
一觉转来好睡，二觉转来好卧。

魑魅要灭彻底，魍魉要杀干净。
灭了再灭完全彻底，杀了再杀全部干净。
灭了要灭断根断苑，杀了要杀烂体烂身。
灭了要灭魑魅之种，杀了要杀魍魉之苗。
要灭——
要驱官司来祸，要隔官讼来害。
女口男嘴乱讲，小口老嘴乱说。
黑的讲成白的，坏的讲成好的。
结伙相欺相骗，结伴相祸相害。
是非口嘴来扰，官非口舌来侵。
教唆传谣中伤，挑拨搬弄诽谤。
利口邀约来喝，刀舌邀众来吃。
不喝强灌口中，不吃强塞嘴内。
鬼魅莫在屋角房角，邪魔莫坐房角宅角。
莫躲楼上，莫藏楼脚。
莫在穿枋，莫坐牌坊。
莫躲糯米白米桶中，莫藏小米亮米桶内。
莫躲酸肉坛里，莫藏酸鱼罐内。
不走抓发打脸、打出大门之外，右手提你翻滚。
送你滚坪烂土烂泥，滚坡烂杂烂草。
送你千年也回不转这里家堂，送你百岁也回不转此间家殿。

魑魅要灭彻底，魍魉要杀干净。
灭了再灭完全彻底，杀了再杀全部干净。
灭了要灭断根断苑，杀了要杀烂体烂身。
灭了要灭魑魅之种，杀了要杀魍魉之苗。
要灭——
要驱家中病灾，要赶宅内死神。
病灾疾厄来染，悲哀死神来侵。
哭声常作家中，哀号常响家内。

二柱白布来挂，麻衣孝服来披。

二柱篓黄来绚，中柱篓篾来系。

病床家中常有，尸床宅内来搭。

病床崩床出泣，尸床柳床入哀。

鬼魅莫在屋角房角，邪魔莫坐房角宅角。

莫躲楼上，莫藏楼脚。

莫在穿枋，莫坐牌坊。

莫躲糯米白米桶中，莫藏小米亮米桶内。

莫躲酸肉坛里，莫藏酸鱼罐内。

不走抓发打脸、打出大门之外，右手提你翻滚。

送你滚坪烂土烂泥，滚坡烂杂烂草。

送你千年也回不转这里家堂，送你百岁也回不转此间家殿。

魑魅要灭彻底，魍魉要杀干净。

灭了再灭完全彻底，杀了再杀全部干净。

灭了要灭断根断苑，杀了要杀烂体烂身。

灭了要灭魑魅之种，杀了要杀魍魉之苗。

要灭——

要驱家中凶兆，要赶家内怪异。

凶兆报送人知，怪异作让人见。

凶兆带来凶灾，怪异招来厄难。

恶蛇进家绞索，怪蛇进户木杠。

青蛙进家作祟，怪蛙进户作怪。

家中出盅出异，宅内现鬼现怪。

家中常有病哼，宅内常有病犯。

三千怪蚁进家，三百红蚁进户。

大米跳在簸中，小米跳在筛内。

鬼魅莫在屋角房角，邪魔莫坐房角宅角。

莫躲楼上，莫藏楼脚。

莫在穿枋，莫坐牌坊。

莫躲糯米白米桶中，莫藏小米亮米桶内。

莫躲酸肉坛里，莫藏酸鱼罐内。

不走抓发打脸、打出大门之外，右手提你翻滚。

送你滚坪烂土烂泥，滚坡烂杂烂草。

送你千年也回不转这里家堂，送你百岁也回不转此间家殿。

魑魅要灭彻底，魍魉要杀干净。

灭了再灭完全彻底，杀了再杀全部干净。

灭了要灭断根断苑，杀了要杀烂体烂身。

灭了要灭魑魅之种，杀了要杀魍魉之苗。

要灭——

要驱凶鬼作祟，要赶恶煞作乱。

凶鬼进屋来扰，恶煞进家来侵。

死神为殃作祸，死鬼兴灾作难。

三年煮酒不甜，三载煮饭不熟。

儿喝儿也不长，孙吃孙也不肥。

做事不得圆满，打铁不得锋利。

要驱两簸丧饭、摆在堂屋前方，

两筛丧供摆开、丧竹一节敲响。

菖蒲隔死之草，桃叶隔丧之水。

鬼魅莫在屋角房角，邪魔莫坐房角宅角。

莫躲楼上，莫藏楼脚。

莫在穿枋，莫坐牌坊。

莫躲糯米白米桶中，莫藏小米亮米桶内。

莫躲酸肉坛里，莫藏酸鱼罐内。

不走抓发打脸、打出大门之外，右手提你翻滚。

送你滚坪烂土烂泥，滚坡烂杂烂草。

送你千年也回不转这里家堂，送你百岁也回不转此间家殿。

魑魅要灭彻底，魍魉要杀干净。

灭了再灭完全彻底，杀了再杀全部干净。

灭了要灭断根断苑，杀了要杀烂体烂身。

灭了要灭魑魅之种，杀了要杀魍魉之苗。

要灭——

要驱棺材棺木，要赶棺埋棺葬。

棺木黑屋阴森，箱子棺椁阴暗。

木头木马丧板，丧板木马丧杠。
做棺木匠进家，利斧刀具进户。
推光推刨来使，墨签墨线来弹。
鬼魅莫在屋角房角，邪魔莫坐房角宅角。
莫躲楼上，莫藏楼脚。
莫在穿枋，莫坐牌坊。
莫躲糯米白米桶中，莫藏小米亮米桶内。
莫躲酸肉坛里，莫藏酸鱼罐内。
不走抓发打脸、打出大门之外，右手提你翻滚。
送你滚坪烂土烂泥，滚坡烂杂烂草。
送你千年也回不转这里家堂，送你百岁也回不转此间家殿。

魑魅要灭彻底，魍魉要杀干净。
灭了再灭完全彻底，杀了再杀全部干净。
灭了要灭断根断苑，杀了要杀烂体烂身。
灭了要灭魑魅之种，杀了要杀魍魉之苗。
要灭——
要驱家中怪鸡，要赶宅内怪鸭。
怪鸡怪鸭来作，鸡兆鸭兆来现。
狗来下崽一只，猪来下儿一双。
鸡来进窝啄蛋，猪来进窝吃儿。
鸡窝流汁流脓，猪窝滴汁滴血。
母鸡来啼来叫，公鸡来窝来抱。
鬼魅莫在屋角房角，邪魔莫坐房角宅角。
莫躲楼上，莫藏楼脚。
莫在穿枋，莫坐牌坊。
莫躲糯米白米桶中，莫藏小米亮米桶内。
莫躲酸肉坛里，莫藏酸鱼罐内。
不走抓发打脸、打出大门之外，右手提你翻滚。
送你滚坪烂土烂泥，滚坡烂杂烂草。
送你千年也回不转这里家堂，送你百岁也回不转此间家殿。

魑魅要灭彻底，魍魉要杀干净。

灭了再灭完全彻底，杀了再杀全部干净。

灭了要灭断根断苑，杀了要杀烂体烂身。

灭了要灭魑魅之种，杀了要杀魍魉之苗。

要灭——

要驱田里败谷，要赶地中残米。

水田栽谷不长，熟土种米不生。

播谷谷也不均，播种种也不匀。

田园垮孔墓井，地头塌陷坟场。

五月出谷牛吃，六月出米饲料。

谷穗霉粉土粉，米穗蚁屎烂粉。

谷出凶日不好，米出凶辰不佳。

鬼魅莫在屋角房角，邪魔莫坐房角宅角。

莫躲楼上，莫藏楼脚。

莫在穿枋，莫坐牌坊。

莫躲糯米白米桶中，莫藏小米亮米桶内。

莫躲酸肉坛里，莫藏酸鱼罐内。

不走抓发打脸、打出大门之外，右手提你翻滚。

送你滚坪烂土烂泥，滚坡烂杂烂草。

送你千年也回不转这里家堂，送你百岁也回不转此间家殿。

魑魅要灭彻底，魍魉要杀干净。

灭了再灭完全彻底，杀了再杀全部干净。

灭了要灭断根断苑，杀了要杀烂体烂身。

灭了要灭魑魅之种，杀了要杀魍魉之苗。

要灭——

要驱天上作蛊，要赶天空作怪。

黑云铺天盖地，乌云铺天遮天。

乌天黑地无光，乌地黑天无亮。

大团云流来遮，乌黑云团来盖。

土地神驴阴驴，当坊神马阴马。

红云漫天朵朵，绿云漫地团团。

红桌用来敬神，绿桌摆来赶鬼。

葛藤缠脚缠腿，绳索缠臂缠手。

要驱怪肉当途，要赶死鸟当道。

得肉不是肉吃，得鸟不是鸟飞。

鬼魅莫在屋角房角，邪魔莫坐房角宅角。

莫躲楼上，莫藏楼脚。

莫在穿枋，莫坐牌坊。

莫躲糯米白米桶中，莫藏小米亮米桶内。

莫躲酸肉坛里，莫藏酸鱼罐内。

不走抓发打脸、打出大门之外，右手提你翻滚。

送你滚坪烂土烂泥，滚坡烂杂烂草。

送你千年也回不转这里家堂，送你百岁也回不转此间家殿。

魑魅要灭彻底，魍魉要杀干净。

灭了再灭完全彻底，杀了再杀全部干净。

灭了要灭断根断苑，杀了要杀烂体烂身。

灭了要灭魑魅之种，杀了要杀魍魉之苗。

要灭——

要驱药神伤患，要赶药鬼纠缠。

生疮生疱来染，肿臭肿烂来患。

发炎肿大如果，发病肿壮如瓜。

身前三包臭药，身后三包臭草。

药灾发臭难闻，药患秽污难当。

鬼魅莫在屋角房角，邪魔莫坐房角宅角。

莫躲楼上，莫藏楼脚。

莫在穿枋，莫坐牌坊。

莫躲糯米白米桶中，莫藏小米亮米桶内。

莫躲酸肉坛里，莫藏酸鱼罐内。

不走抓发打脸、打出大门之外，右手提你翻滚。

送你滚坪烂土烂泥，滚坡烂杂烂草。

送你千年也回不转这里家堂，送你百岁也回不转此间家殿。

魑魅要灭彻底，魍魉要杀干净。

灭了再灭完全彻底，杀了再杀全部干净。

灭了要灭断根断苑，杀了要杀烂体烂身。
灭了要灭魑魅之种，杀了要杀魍魉之苗。
要灭——
要驱五音猖鬼，要赶七姓伤亡。
烂身烂体而死，烂头烂耳而殁。
死丑死坏猖鬼，死短死幼伤亡。
狗来拉屎门前，猪来撒尿门边。
猖鬼恶曜来侵，伤亡恶煞来缠。
猖鬼没有人理，伤亡没有人敬。
鬼魅莫在屋角房角，邪魔莫坐房角宅角。
莫躲楼上，莫藏楼脚。
莫在穿枋，莫坐牌坊。
莫躲糯米白米桶中，莫藏小米亮米桶内。
莫躲酸肉坛里，莫藏酸鱼罐内。
不走抓发打脸、打出大门之外，右手提你翻滚。
送你滚坪烂土烂泥，滚坡烂杂烂草。
送你千年也回不转这里家堂，送你百岁也回不转此间家殿。

驱除凶神恶鬼，赶杀凶兆怪异。
不能再有疾病缠体，不让再有灾难祸害。
不能再有是非口嘴，不让再有官非欺压。
不让它有躲藏之地，不让它有栖身之处。
驱除赶去完全彻底，赶杀赶去祸根断除。

赶去日洞深坑，遣去月穴深潭。
赶去暗流冲去天涯，遣去天坑冲去海角。
赶它永远不转回头，遣它永久不回此间。

魑魅要灭彻底，魍魉要杀干净。
灭了再灭完全彻底，杀了再杀全部干净。
灭了要灭断根断苑，杀了要杀烂体烂身。
灭了要灭魑魅之种，杀了要杀魍魉之苗。
鬼魅莫在屋角房角，邪魔莫坐房角宅角。

莫躲楼上，莫藏楼脚。

莫在穿枋，莫坐牌坊。

莫躲糯米白米桶中，莫藏小米亮米桶内。

莫躲酸肉坛里，莫藏酸鱼罐内。

不走抓发打脸、打出大门之外，右手提你翻滚。

送你滚坪烂土烂泥，滚坡烂杂烂草。

送你千年也回不转这里家堂，送你百岁也回不转此间家殿。

送你千年也回不转这里家堂，送你百岁也回不转此间家殿。

祭祀中的掌坛师摇动蚩尤铃驱赶鬼魅（周建华摄）

十六
退 灾

【简述】

　　退灾，即把灾星全部退掉，意思是把第十三节的"灭鬼"、第十四节的"遣灾驱祸"、第十五节的"消灾灭煞"中总共 36 段神辞的内容概括起来，一起来退走、消灭、遣送，这样一而再、再而三地把危害人类的鬼、灾祸、凶煞驱赶、遣送、隔除、消灭掉。

退灾必要退尽，退除必须除完。
要退完全彻底，退除干干净净。
谨焚蜂蜡纸团糠香——
退除灾煞——
魑魅来到家中，魍魉进到宅内。
兴那灾星灾殃，降那灾难灾祸。
凶神来得日久，恶鬼坐得久长。
黑处来躲来匿，暗处来躲来藏。
黑处现头现耳，暗处现爪现脚。
现那大口咬牙，现那长舌切齿。
现嘴现齿现凶，见爪见足见恶。
见红见血狰狞，作蛊作怪阴森。
恶煞没有前胸，凶鬼没有后背。
腿脚有鬃有毛，头耳有段有节。
忽而现前弄风，忽而在后弄雨。
跨在床头作梦，现在床尾作祟。
白日现眼现目，夜晚现梦现幻。
白日他骗人子，夜晚他骗人妻。
都要退走他乡别里，全部退去他地别处。
退走天涯海角，押入日月洞穴。
从此家中健康安泰，今后家内大吉大利。

退灾必要退尽，退除必须除完。
要退完全彻底，退除干干净净。
谨焚蜂蜡纸团糠香——
退除灾煞——
三年噩梦恶幻，三载恶蛊恶怪。
噩梦做送人忧，恶幻做送人愁。
噩梦做送人惊，恶幻做送人怕。
梦倒大刀大斧，梦响大铳大炮。
梦垮山梁震山，梦塌山崖震岗。
梦山山也崩塌，梦岭岭也塌陷。
挂在陡岭山嘴，飘在悬崖山梁。

梦陷岩牢土牢，梦坐竹牢木牢。

梦落门牙门齿，梦断门齿门牙。

梦见红血染身，梦见污血染躯。

梦吃牯牛的肠，梦嚼黄牛的肚。

梦吃洋葱的果，梦嚼洋蒜的瓣。

身前梦背柴篓，身后梦负炭篓。

都要退走他乡别里，全部退去他地别处。

退走天涯海角，押入日月洞穴。

从此家中健康安泰，今后家内大吉大利。

退灾以后梦也来幻，幻也来梦。

梦挖水沟，梦开水渠。

梦挖水池，梦筑水塘。

梦走大路，走去京城。

梦行大道，行到国都。

好梦转到脚踩大船大舱，头戴大伞大盖。

好梦回到梨树村头，好幻转到栗树寨尾。

好梦回到家中床边，好幻转到屋内枕头。

一觉转来好睡，二觉转来好卧。

退灾必要退尽，退除必须除完。

要退完全彻底，退除干干净净。

谨焚蜂蜡纸团糠香——

退除灾煞——

官司官口来绊，官非官讼来缠。

女口男嘴乱道，小口老嘴乱传。

黑的讲成白的，坏的讲成好的。

结伙故来相欺，结伴起心相害。

是非口嘴乱起，官非口舌乱压。

教唆是非来扰，挑拨搬弄来侵。

利口邀约来喝，刀舌邀众来吃。

不喝灌在口中，不吃塞在嘴内。

都要退走他乡别里，全部退去他地别处。

退走天涯海角，押入日月洞穴。

从此家中健康安泰，今后家内大吉大利。

退灾必要退尽，退除必须除完。
要退完全彻底，退除干干净净。
谨焚蜂蜡纸团糠香——
退除灾煞——
家中病灾，宅内死神。
病灾疾厄，悲哀死亡。
哭声家中，哀号家内。
二柱白布，麻衣孝服。
二柱篓黄，中柱篓篾。
病床家中，尸床宅内。
病床崩床，尸床柳床。
都要退走他乡别里，全部退去他地别处。
退走天涯海角，押入日月洞穴。
从此家中健康安泰，今后家内大吉大利。

退灾必要退尽，退除必须除完。
要退完全彻底，退除干干净净。
谨焚蜂蜡纸团糠香——
退除灾煞——
凶兆现在家中，怪异现在家内。
凶兆出让人知，怪异作送人见。
凶兆带来凶灾，怪异招来恶难。
恶蛇进家，绞搓成绳成索，
怪蛇进户，来做抬丧木杠。
青蛙进家送蛊，怪蛙进户送怪。
家中出现异端，宅内现怪异常。
家中常有病哼，宅内常有病犯。
三千怪蚁进家来做病呻，三百红蚁进户来做哭吟。
大米跳在簸中，小米跳在筛内。
都要退走他乡别里，全部退去他地别处。
退走天涯海角，押入日月洞穴。

从此家中健康安泰，今后家内大吉大利。

退灾必要退尽，退除必须除完。
要退完全彻底，退除干干净净。
谨焚蜂蜡纸团糠香——
退除灾煞——
凶鬼作祟，恶煞作乱。
凶鬼来作来祟，恶煞来打来害。
死神为殃作祸，死鬼兴灾作难。
三年煮酒不甜，三载煮饭不熟。
儿喝身体不长，孙吃身体不壮。
做事不得圆满，打铁不得锋利。
要驱两簸丧饭、摆在堂屋前方，
两筛丧供、摆在大门后面。
丧竹一节，响竹一筒。
隔死神的菖蒲，挡恶煞的桃叶。
都要退走他乡别里，全部退去他地别处。
退走天涯海角，押入日月洞穴。
从此家中健康安泰，今后家内大吉大利。

退灾必要退尽，退除必须除完。
要退完全彻底，退除干干净净。
谨焚蜂蜡纸团糠香——
退除灾煞——
要退棺材棺盖，棺埋棺葬。
棺材棺木黑屋，箱子棺椁黑暗。
木头木马丧板，丧板木马丧杠。
做棺材的木匠，使用利斧刀具。
还有推光推刨，和那墨签墨线。
都要退走他乡别里，全部退去他地别处。
退走天涯海角，押入日月洞穴。
从此家中健康安泰，今后家内大吉大利。

退灾必要退尽，退除必须除完。
要退完全彻底，退除干干净净。
谨焚蜂蜡纸团糠香——
退除灾煞——
怪鸡出在家中，怪鸭作在宅内。
怪鸡怪鸭作蛊，鸡兆鸭兆作怪。
狗来下崽一只，猪来下儿一双。
鸡来进窝啄蛋，猪来进窝吃儿。
鸡窝流汁流血，猪窝滴血滴汁。
母鸡来啼来叫，公鸡来窝来抱。
都要退走他乡别里，全部退去他地别处。
退走天涯海角，押入日月洞穴。
从此家中健康安泰，今后家内大吉大利。

退灾必要退尽，退除必须除完。
要退完全彻底，退除干干净净。
谨焚蜂蜡纸团糠香——
退除灾煞——
败谷出在田里，残米出在土内。
水田栽谷不长，熟土种米不生。
播谷不均不发，播种不生不长。
田园垮孔来做墓井，地头塌陷来做坟场。
谷出五月来送牛吃，米出六月来做饲料。
谷穗霉粉土粉，米穗蚁屎烂粉。
谷出凶日恶旦，米出凶辰凶时。
都要退走他乡别里，全部退去他地别处。
退走天涯海角，押入日月洞穴。
从此家中健康安泰，今后家内大吉大利。

退灾必要退尽，退除必须除完。
要退完全彻底，退除干干净净。
谨焚蜂蜡纸团糠香——
退除灾煞——

有错天上作蛊，有犯天空作怪。
上天黑云满天，上苍乌云满盖。
乌天黑地惊恐，乌地黑天惧怕。
大团云流，乌黑云盖。
土地的驴，当坊的马。
红云漫天，绿云漫地。
红桌敬神，绿桌赶鬼。
葛藤缠脚缠腿，绳索缠臂缠手。
要驱怪肉当途，死乌当道。
得肉不是肉吃，得乌不是乌飞。
都要退走他乡别里，全部退去他地别处。
退走天涯海角，押入日月洞穴。
从此家中健康安泰，今后家内大吉大利。

退灾必要退尽，退除必须除完。
要退完全彻底，退除干干净净。
谨焚蜂蜡纸团糠香——
退除灾煞——
毒疮伤患染身，药鬼纠缠侵体。
生疮生疱难熬，肿臭肿烂难受。
发炎肿大如果，发病肿壮似瓜。
身前三包臭药，身后三包臭草。
药灾发臭发烂，药患秽污秽溃。
都要退走他乡别里，全部退去他地别处。
退走天涯海角，押入日月洞穴。
从此家中健康安泰，今后家内大吉大利。

退灾必要退尽，退除必须除完。
要退完全彻底，退除干干净净。
谨焚蜂蜡纸团糠香——
退除灾煞——
五音男女猖鬼，七姓老幼伤亡。
腐烂身体而终，溃烂躯壳而亡。

死丑死坏的鬼，死短死幼的魂。
狗来拉屎门前，猪来撒尿门边。
猖鬼恶曜来促，伤亡恶煞来作。
猖鬼没有人理，伤亡没有人敬。
都要退走他乡别里，全部退去他地别处。
退走天涯海角，押入日月洞穴。
从此家中健康安泰，今后家内大吉大利。

退灾不让有鬼，退煞不让有怪。
退灾不再有病，退除不再有难。
退除是非口嘴，退去官非欺压。
不让它有躲藏之地，不送它有栖身之处。
退除退去完全彻底，退煞退去祸根断除。
退它押入日洞深坑，退去押进月穴深潭。
退它退送暗流让水冲去天漄，
退它退去深坑让水冲去海角。
退它遣它永远转不到这里，
退它押它永久回不到此间。
魑魅要退彻底，魍魉要退干尽。
退了再退完全彻底，遣了再遣全部干净。
退了要退断根断苑，赶了要赶烂体烂身。
退了要灭魑魅之种，杀了要杀魍魉之苗。

鬼魅莫在屋角房角，邪魔莫坐房角宅角。
莫躲楼上，莫藏楼脚。
莫在穿枋，莫坐牌坊。
莫躲糯米白米桶中，莫藏小米亮米桶内。
莫躲酸肉坛里，莫藏酸鱼罐内。
不走抓发打脸、打出大门之外，右手提你翻滚。
送你滚坪烂土烂泥，滚坡烂杂烂草。
送你千年也回不转这里家堂，
送你百岁也回不转此间家殿。

驱赶鬼魅仪式中的供品（石开林摄）

挂在门边壁上象征蚩尤征战中便于携带的食品（石开林摄）

十七
去请祖神

【简述】

　　前面说过，苗师奉行的是祭祀祖神的单神教。祖神分为理念性祖神和人性化祖神两种，其实质就是人类真性的"自我崇拜"或"崇拜自我"。至于理念性祖神，我们且以"元祖神"为例。

　　元祖神的名称是"拔囊祝林，浓囊祝共。拔囊苟林，浓囊苟共"。翻译成汉语即"最古的女，最老的男。古道的女，老路的男"。其最古最老究竟古老到什么程度呢？这最古最老的女、男究竟是什么样的人呢？又为什么要把女性排在先而把男性排在后呢？据巴代祖师们传说，这女、男并非指人，而是指阴、阳。苗族对阴、阳没有专门的词语，往往是用女代替阴、男代替阳的。这女男之顺序排列正合阴阳之顺序。它不是指历史上的某女、某男或某一地名，而是指苗族古老传说中的阴阳两仪神。

　　综合上述可知，苗家吃猪祭祀的"拔囊祝林，浓囊祝共。拔囊苟林，浓囊苟共"便是祭奉阴阳两仪的元祖神（世间万类万物无不都是由阴阳这两种元素造化出来的，这元祖的元是元素的元）；从女先于男的角度上来说，便是祭奉母系社会时代这一象征人类的元始祖神。总之，不管从哪个角度来说，这最古最老的女、男，阴、阳神，都离不开两个字，那就是"元祖"。所以，苗族巴代的历代祖师们一直都把苗家吃猪祭祖称为敬奉元祖神。

　　巴代在本节神辞中讲述启建、设坛、护堂、请师、灭鬼等一系列内容之后，便吟诵上神界去请祖神的神辞，请神下界接受供奉。

祖师你们帮拿，宗师你们帮抬。
帮拿要拿送了，帮抬要抬送完。
不要掉东掉西，不要掉粗掉细。
帮拿祭祖大桌，敬神大案。
七只好碗净碗，七个金碗银碗。
九提十提纸束，九束十束长钱。
绸缎布帛，锦缎布匹。
地楼神屋，地板神坛。
地楼大鼎，地板水罐。
地楼两盘，地板两碗。
大猪肥猪，供猪好猪。
纸团糠香，蜂蜡糠烟。
竹析神筒，问事骨卦，招请神铃。
祖师拿齐拿全，宗师拿全拿遍。
祖师帮交，宗师帮送。

神韵——
祖师帮忙竖起门板、来挡九条路头，
宗师帮助竖起门扇、来挡十条路道。
门板挡得严严，门扇挡得实实。
堵了一十二路路落路漏，塞了一十三路路漏路散。
堵了祖师你们帮拿，塞了宗师你们帮抬。
祖师们都抬了，本师们都拿完。

神韵——
要唱六首的歌，要讲六轮的话。
要理六层的根，要寻六道的基。
六首的歌、要唱上边去迎，
六轮的话、要说上堂去请。
祖师拿齐拿全，宗师拿全拿遍。

神韵——
一轮神腔、上达鱼神堂中，

一番神韵、上到肉神堂内。

鱼神你们帮拿，肉神你们帮抬。

祖师拿齐拿全，宗师拿全拿遍。

腔韵——

二轮神腔、上达先祖堂中，

二番神韵、上到先宗堂内。

家亡先祖你们帮拿，家先等众你们帮抬。

祖师拿齐拿全，宗师拿全拿遍。

腔韵——

三轮神腔、上达最古女祖的住屋神堂，

三番神韵、上到最老男宗的坐宅神殿。[①]

好手莫推吾本弟子，好口莫骂我这师郎。

弟子有事这才上达，师郎有话这才上到。

取那润油、润湿吾本弟子喉管，

取那香油、润湿我这师郎喉头。

让我的神韵清彻如同水流水涌，

使我的腔韵清脆好似水清水吟。

神韵如同琴响，腔韵好似琴奏。

侧耳请听我吟你的八篇好诗，

注意倾听我唱你的八首好歌。

　　注：①神堂、神殿——指元祖神所住的地方，传说其位居于大祖神所住的下一层天（"林豆林且"）、家祖神所住的上一层天（"以留西向，意苟格补"）之间。

神韵——

要唱七首的歌，要讲七轮的话。

要理七层的根，要寻七道的基。

七首的歌、要唱原来的根，

七轮的话、要说过去的源。

要唱主家的源起，要讲主人的源头。

要理主家的根苑，要寻主人的根基。
主家难抵三年的凶兆怪异，难受三载的噩梦凶幻。
鸡来进窝啄蛋，猪来进栏吃崽。
母鸡来啼来鸣，公鸡来窝来抱。
大门挂起黄丝蛛网，小门挂起黑丝蛛织。
谷桶长出黄菌子，米桶生出怪异菌。
大米自跳簸中，小米自跳筛内。
田中出那残谷，地中出那败米。
怪肉当途，死鸟当道。
大蛇缠绕系棺的索，小蛇缠绕抬棺的绳。
凶兆做给人见，怪异做让人看。
还有那噩梦做在枕头，恶幻做在床上。
飞上飞下，晃晃忽忽。
梦山也垮，梦岭也踏。
火烟滚滚，烟雾茫茫。
门牙脱出见红，门齿断落见血。

得疾浮肿浮胖，染病浮起浮胀。
成疮成疮，成肿成烂。
成疾老疼，成病老痛。
身上少力，体内少气。
得疾闷胸，染病在肺。
得疾痛肠，染病痛肚。
得疾屙血，染病屙痢……
一天盼好，也不见好。
一日盼愈，也不见愈。
凡间好目不能得知，凡尘好眼不能得见。

（下面以祭奉日月车祖神为例。）

人们不见路走，也都不明道行。
凡人没处打理，凡夫没法解除。
医治多日没有见好，治疗累月没有痊愈。

四位草药哥无方，五个草药弟无法。

信士取得香米从家中来，拿得白米从家内来。

去照水碗大师坛头，去看米占小师坛尾。

千神也都不出，百鬼也都不见。

只见你们——

最古的白天女车祖，最老的白日男车神。

（最古的黑夜女车祖，最老的晚上男车神。）

你们不给作主，你们不予保护。

才让鬼魅来缠，方使煞来侵。

凡间不做长心，凡尘不敢大胆。

信士算得好天，户主择得好日。

喊得哥兄老弟，叫来叔爷伯子。

做成九编九篾，九块九条。

（做成七编七篾，七块七条。）

拿来表示要敬最古的白天女车祖，

许祭最老的白日男车神。

（拿来表示要敬最古的晚上女车祖，

许祭最老的黑夜男车神。）

叩了最古的女车祖，许了最老的男车神。

叩了病情好了半分，许了疾厄退了半步。

叩了不能拖延，许了即要还愿。

叩了便要来迎来请，许了便要来敬来还。

某季来到，某月来临。

信士算得好天，择得好日。

算得某月某日，

日吉时良，清早良旦（夜晚良旦）。

敬祖是哥兄老弟的事，祭神是叔爷伯子的活。

这是祖宗留下的习惯，爷娘定下的规矩。

喊来哥兄老弟，叫来叔爷伯子。

借得祭祖的供桌，借得敬神的供案。

人们抬得回转，他们搬得回来。
转到屋檐之下，回到门外坪场。
舀得清水洗遍，用那泉水洗净。
供桌洗得明明，供案擦得亮亮。
祭祖供桌、拿来摆在门外，
敬神供案、拿来放在阶檐。

找盘来摆，寻碗来放。
人们取得九只好碗净碗，九个金碗银碗。
（人们取得七只好碗净碗，七个金碗银碗。）
舀得清水洗好，泉水洗净。
洗得明明，擦得亮亮。
好碗净碗、拿来摆在祭祖桌上，
金碗银碗、拿来放在敬神案中。

房族人等砍得竹子，叔伯兄弟找来木条。
竹子削得光滑，木条削得光面。
劈成篾块，削成篾条。
师郎弟子，左手拿得金剪银剪。
弟子师郎，右手拿得铜剪铁剪。
剪成千张白纸钱串，剪成百张冥币钱形。
做成九杆长纸钱帛，做成十杆长纸钱币。

主家左手拿得快刀，主人右手拿得快镰。
上到山坡去找好竹，走到山上去寻好木。
砍得一根直的，找得一根好的。
扛在肩上抬回家中，抬着竹子回到家内。
劈成九块十块篾条，破成九块十块篾片。
弟子剪成长钱冥币，师郎剪成长串冥钱。
扣在九块篾片杆头，夹在九块十块杆上。
摆在祭祀堂中，插在敬祖堂内。

敬奉要做车柱车树，车梁车杆。

要造银钱白纸，要有金币冥钱。

这才做成做好，做好做实。

于是人们找得柴刀从家中来，寻得快刀从家内来。

先在磨岩上面磨好，再在磨石上面磨快。

行至山坡，走到竹林。

寻竹五面山头，找木六面山尾。

砍竹没有惊动五方山脉，伐木没有惊扰六处土地。

抬得回转，扛得回来。

竹根在前，竹尾在后。

转到屋檐底下，回到门外坪场。

人们做成三根车柱登天，神柱登日。

（人们做成三根车柱登星，神柱登月。）

柱底的桩，柱根的钉。

绿旗满山满水，红旗满坪满地。

绿旗柱顶竹叶，红旗柱头绿叶。

柱底的桩，柱根的钉。

九块九篾，九编九条。

（七块七篾，七编七条。）

人们装成糯米在斗，黏米在升。

糍粑成堆，供粑成柱。

供粑供肉，糍粑糯供。

大桌摆好糍粑九堆，供粑九柱。

（大桌摆好糍粑七堆，供粑七柱。）

副桌摆好糍粑五堆，供粑五柱。

也都摆好在这供祖的桌上，摆在敬神的桌中。

人们带得大钱要走远方，拿得大款要走远处。

收钱在身，拿款在手。

行至交易场中，走到贸易市内。

探听经纪也喜，打问买卖也爱。

左手交去金银钱财，右手牵得卖羊绳索。

赶着回转，牵着回来。

转到屋檐底下，回到滴水坪场。

一头供神的羊，

捆在场中，系在场内。

凡供齐备，皆齐皆备。

凡仪齐全，皆齐皆全。

神韵——

要唱三首的歌，要讲三轮的话。

要理三层的根，要寻三道的基。

三首的歌要唱去喊巴代，三轮的话要说去请祖师。

神韵——

要唱"得寿"的歌，要讲"弄代"的话。

要理"巴代"的根，要寻"巴寿"的基。

"得寿"的歌要唱去喊巴代，"弄代"的话要说去请祖师。

弟子我住村中，师郎我居寨内。

我住我的安乐家堂，我居我的清净家殿。

我住家堂很是清吉，我居家殿十分平安。

夏季我务农耕活，冬季我打柴割草。

养儿也可承根接祖，育孙也可传宗接代。

养儿也可传承主持，育孙也可传接主祭。

都是继承祖艺，也是传承祖教。

主持要理根基，主祭要找源头。

要理祖宗坛头，要请父母香火。

他们查访才得清楚，通过访问才得明白。

主家这才到家到户，主人他才到屋到宅。

到家来请我去给他主持，到户来迎我去给他主祭。

我也大门没关，小门也都没闭。

言辞没有推诿，嘴舌没有推辞。

嘴上答应帮他主持，口中应承帮他主祭。

答应主持先要奉请祖师出坛，去帮主祭先要奉迎宗师出殿。

祖师坐在家中祖坛，宗师坐在屋内祖殿。

弟子烧起蜂蜡糠香，师郎燃起纸团火烟。

奉请千位祖师出坛也肯，奉迎百位宗师出动也应。

吾本弟子，左手拿得蜂蜡糠香。

我这师郎，右手拿得纸团火烟。

竹筒竹杯，问卜神卦。

布条神铃，击析竹棒。

取送主家背起，拿送主人抬去。

来到主人家中，坐到主家屋内。

神韵——

诚心焚烧蜂蜡糠香，弟子要请尊敬的千位宗师，

诚意焚燃纸团火烟，师郎要请尊贵的百位祖师。

宗师坐在家中祖坛，祖师坐在家内祖殿。

要烧宝香去请，要用香烟去迎。

虔诚焚烧纸团宝香，虔诚奉请弟子的千位祖师。

虔诚烧起蜂蜡宝烟，虔诚奉迎师郎的百位宗师。

焚烧蜂蜡糠火，纸团宝香。

焚烧蜂蜡糠火，纸团宝香。

千神没有来请，百祖没有来迎。

要来虔诚奉请——

祖太共米、共甲、

仕官、首贵、明章、巴高、

国锋、明鸿、仕贵、后宝。

祖太光朱、勇贤、光三、老七、跃恩、

席玉、江远、林华、老苟、共四、老弄、

千有、天财、进荣、腾兰。

祖太强贵、隆贵、光合、冬顺、得水。

叔公双全、祖公长先。

外祖大大、二哥……

三十一代祖师，三十二代弟子。

三千祖师交钱、查名皆齐皆遍，

三百度纸宗师、点字皆遍皆全。
闻我奉请暂离上天大堂，听我奉迎暂别天宫大殿。
暂离家中祖坛，暂别家内师殿。
暂离三十三块布条，暂别三十三块布幔。
暂离香炉，暂别香碗。

神韵——
三咏神腔、来到信士祭祖场中，
三吟神韵、来临户主敬神堂内。
来到安享纸团宝香，来临安受蜂蜡糠烟。
拥护吾本弟子，守护我这师郎。
同日有请你们莫起，同时有奉你们莫去。

主人有纸钱冥币，纸帛冥钱。
不烧是纸是帛，烧了是钱是财。
得财拿去共分，得钱拿去共用。
收在金仓银仓，入在金库银库。
你们要和弟子交钱，都要与吾师郎度纸。
拥在左边，护在右旁。
交钱得到，度纸得达。
收起我的正魂本命，三魂七魄。
收在一十二个深洞之中，藏在一十二个好洞之内。

神韵——
诚心焚烧蜂蜡糠香，弟子要请尊敬的千位宗师，
诚意焚燃纸团火烟，师郎要请尊贵的百位祖师。
三十一代祖师，三十二代弟子。
三千祖师交钱、查名皆齐皆遍，
三百度纸宗师、点字皆遍皆全。

烧起银钱冥纸，焚起冥币钱财。
烧起蜂蜡糠香，焚起纸团火烟。
千神没有乱请，百鬼没有乱奉。

焚香要来奉请，烧纸要来奉迎。
奉请绒魁龙贵洞冲，奉迎成久长先洞寨。
我讲你们得听，我说你们得闻。
弟子闭眼观想，师郎抬眼观看。
祖师都在我的脑海，祖师坐在我的脑门。
祖师在我心念之中，宗师在我意念之内。
你们就是我们，我们就是你们。
你们就是我们的心脑神魂，我们就是你们的身体骨肉。
你们纵那香烟飘到，你们随那烟雾降临。
来到我们中间，来临我们之内。
帮助我的神腔娓娓，帮助我的神辞朗朗。
我今主持也准，我来主祭也灵。
我说千种也应，我做百样也验。

往前看去都是祖师，往后看去都是宗师。
看向左边，站齐成排，
看向右边，站齐成队。
祖师帮我神诀，宗师帮我神咒。
祖师帮我做大，宗师帮我做强。
祖师要来做成做到，宗师要来做准做好。
祖师要帮加持仪式程序送稳，
宗师要帮护持法事仪程送当。
祖师做成做准，宗师做准做到。

宗师喜悦来到这里，祖师喜欢来临此间。
到此我要说清，到边我要讲明。
讲这绿旗满山满水，红旗满坪满地。
祭祖供桌，敬神供案。
九只好碗净碗，九个金碗银碗。
（七只好碗净碗，七个金碗银碗。）
糯米在斗，黏米在升。
糍粑成堆，供粑成柱。
供粑供肉，糍粑糯供。

糍粑九堆，供粑九柱。

（糍粑七堆，供粑七柱。）

糍粑供粑五柱，供神的羊。

蜂蜡糠香，纸团糠烟。

竹枥神筒、问事骨卦、招请铜铃。

讲此来让尊贵的千位祖师，高贵的百位师尊。

齐皆欢喜，你们皆喜。

齐皆喜爱，你们皆爱。

好欢好喜，好喜好爱。

喜了还未给喝，爱了还未送吃。

十八
保佑福寿

【简述】

　　保佑福寿，顾名思义，就是求神保佑福禄寿喜的意思。祭祀的主要目的是脱灾获福，这保佑福寿便是敬神的主要内容了。

　　保佑福寿有两种方式，一种是在神界上求神保佑下方（凡间）信士家人的福寿，即本节所介绍的内容。另一种是请神下界之后，求神灵在凡间保佑一家大小的福寿，即第二十节所介绍的内容。

　　保佑福寿的神辞内容大体包括：保佑人丁发旺，平安清泰；保佑财源广进，满坛满罐；保佑六畜兴旺，满栏满圈；保佑五谷丰登，满仓满库；保佑绫罗绸缎，满箱满柜；保佑天财地宝，满库满盆；等等。巴代用神辞细致地表达出了人们的诉求和愿望。

保佑福寿(一)

今天上苍好这吉星，今日上天好这吉日。
凡间日吉，凡尘时良。
家中先祖也都拢边，家内先人也都到位。
吉星吉宿，吉日吉期。
好宗好祖，好母好父。
还有祖宗的龙神，和那父母的福气。
五方五位五龙神，六方六面六洪福。
龙神保此四方屋场，福神护这五面宅基。
要来保佑一家大小，要来庇荫一屋老幼。
年来不准破财，岁过不许失耗。
年来年过，月到月至。
年来没有时气瘟疫，月过没有灾难疾病。
左边不起是非口嘴，右边不出官非口舌。
家中不出怪异，家内没有凶兆。
烟火不起成朵，火焰不起成团。
清吉去得千年，平安延过百岁。

神韵——
凡间要你们保佑，凡尘要你们庇荫。
保佑一家大小，庇荫一屋老幼。
祖公祖婆你们要居火塘边，祖母祖父你们要坐地楼上。
居来庇荫一家大小，坐来保护一屋老幼。
居来守家护宅，坐来保家护院。
凶煞不许进家，恶鬼不准进门。
凶煞进家你们要用刀斩，恶鬼进户你们要用枪杀。
保佑一家大小，庇荫一屋老幼。
早出不要逢凶，夜归不要遇恶。
早出逢凶你们要化山来挡，夜归遇恶你们要做岭来隔。

挡去四边，隔去六面。

若有是非你们要先提醒，若起争讼你们要先提防。

若有瘟灾你们要挡走，若有疾病你们要退脱。

恶人莫送拢边，恶棍不要拢近。

是非莫送来起，官讼莫让来兴。

龙公你们要保屋场，龙婆你们要护宅地。

和起祖公祖婆，和起祖母祖父。

千年你们要保佑，百载你们要庇荫。

保佑一家大小，庇荫一屋老幼。

居来兴家旺宅，坐来兴门旺户。

旺宅旺去千年，旺户旺去百载。

旺宅发人发丁，旺户发家发业。

旺宅发达发旺，旺户发富发贵。

旺宅发兴发旺，旺户发登发福。

一家大小，少气你要庇荫生气来加，

一屋老幼，少福你要留下洪福来添。

神韵——

庇荫一家大小、年头人人清吉，

祈福一屋老幼、年尾个个平安。

热天健康，冷天强壮。

吃菜一锅也得甜蜜，吃饭一鼎也得香味。

吃菜得气强体，吃饭得力旺盛。

吃菜养身也得强身，吃饭养体也得强壮。

强身好气，壮体好力。

捉龙降龙，捉虎伏虎。

上去得登，下来得达。

走路飘摇似阵风吹，行道飘飞如阵风过。

撵肉也得遍山，打猎也得登岭。

热天不遭瘟疫时气，冷天没有灾难祸害。

早出精力充沛，晚归强壮旺盛。

女人健康美丽，男人好气大力。

女人得好长寿，男人得好长命。

神韵——

庇荫一家大小、屋场坐得千年，

祈福一屋老幼、家宅坐过百载。

查名得应，点字得齐。

水井得喝，泉水得担。

祖太父母同居一屋，子孙五代同坐一堂。

居做一家欢欢喜喜，坐做一屋眉开眼笑。

居做一家有商有量，坐做一屋相敬相爱。

居得发白，坐得齿红。

活得一千二百多岁，坐过一百二十余年。

活如高山之久，坐似大岭之长。

活如日柱之高，坐似月柱之大。

神韵——

庇荫发人发众，祈福添子发孙。

上天开眼送来银儿，上苍开恩送来金孙。

送儿骑驴跨马，送孙坐抬坐轿。

送儿要送聪慧，送孙要送聪明。

龙神进家，福神进户。

银儿来生来养，金孙来育来发。

发如群虾，多似群鱼。

如竹发来满坡满岭，似木发来满谷满地。

居来满家满宅，坐来满门满户。

一家发成千数千家，一户发成百数百户。

承根居来满乡满里，接祖坐来满村满寨。

居来光宗耀祖，坐来荣母耀父。

居得长命，坐得长寿。

神韵——

留气已了，佑福已完。

上达要来收煞，上到要来解祸。

烧好糠香、不收一家大小生气儿气，

烧好蜡烟、不收一屋老幼洪福孙福。

信士的生气收在身中，洪福系在体内。

烧好糠蜡宝香，要收三年恶煞家中、

噩梦做在床头、是非口舌、

浓烟乱起家中、恶蛇进家、

死鬼作祟、亡神丧木、

鸡怪鸭兆、田中坟井、

乌云黑雾、毒疮伤患、

狗屎门前。

收去阳州以西，解去阴州一县。

土中要收稻瘟，地头要收米疫。

要收毒蚁进家，红蚁进库。

凶兆家中，怪异家内。

收去冤家仇人、五方山地，

解送仇人冤孽、六方山脉。

保佑福寿(二)

神韵——

庇荫那些小儿,祈福那些幼崽。

吃菜育身,吃饭长体。

快大快长,快健快壮。

身长大大,体健好好。

热天没有瘟疫时气,冷天没有灾星祸害。

读书得大智慧,学习得高知识。

智慧得大,知识得高。

好好读书,天天上进。

智商在人之前,智慧居众之上。

考试得优,事业得就。

得富得贵,得发得旺。

神韵——

庇荫白财横财,祈福旺财鸿财。

东边得好白财,西边得好富财。

前方得好旺财,后方得多横财。

空手出门,抱财归家。

不预去找也得,不想去求也获。

早出求财,夜归满载。

得钱满手满拿,得财满装满袋。

钱来涌入成路,财来涌进成道。

心中所谋如意,理想追求如愿。

好金好银,好钱好财。

好金好银满仓满库,好钱好财满家满户。

首饰美好大块,银饰美好大套。

长的短的,美的华的。

发光发亮,珍贵弥足。

白财涌来三路四道进家，大宝涌来三路四道五方进门。

财来也是白财，宝来也是富价。

左路大钱来加，右道横财来添。

保佑一家大小，家中银仓完全皆得装满。

祈福一屋老少，户内金库完全皆得装登。

神韵——

庇荫那些年青，祈福那些年壮。

女人得好地方找喝，男人得好地处找吃。

谋事如意，心想事成。

心中想的事业就好，意中所谋盘算就成。

一脚高升脚脚高升，一步高就步步高就。

天天也得大钱，日日也进大财。

大钱满抓满手，大财满仓满库。

女人得到意中男子，男子得到心中女人。

郎才女貌，恩爱夫妻。

互敬互受，互尊互重。

发达兴旺，子添孙发。

大发大旺，大兴大盛。

如竹发来满山满岭，似木发来满地满坪。

居来满村满地，坐来满坪满寨。

发如群虾，多似群鱼。

神韵——

庇荫喝的吃的，赐福栽的种的。

在那山野九块地头，在那山坡十丘田内。

正月挖土犁田，二月铲土耕地。

松那土块成末成粉，练那田水成泊成湖。

三月抛谷下种，四月扯秧栽插。

播去土中生出千株千丛，种子下地长出百株百对。

扯秧满田满丘，插秧满坪满坝。

五月中耕，六月除草。

中耕遍山遍岭，除草遍坪遍坝。

包谷绿似竹园，稻禾密如森林。

绿色悠悠遍山，青色油油遍野。

正月开挖，二月开耕。

三月下秧，四月下种。

五月中耕，六月除草。

七月熟登，八月熟透。

粮食丰产，谷米丰收。

金黄色的稻穗遍野，熟透了的秋粮遍山。

打谷回家，收米回屋。

谷粒如那冰颗，米粒似那雪白。

收得满家满屋，摆来满屋满宅。

要车送净，要晒送干。

装满谷仓米仓，装满糯库粘库。

粮食丰产，富裕丰足。

千年也喝不了，百载也吃不完。

神韵——

庇荫家中六畜，祈福家内养牲。

养狗也大，养猪也肥。

水牯也大，黄牛也肥。

养鸡成帮，养鸭成群。

水牯满栏满圈，黄牛满帮满群。

大钱广得，横财广进。

大富大贵，大繁大荣。

大成大就，大通大顺。

平安健康，大吉大利！

庇荫一家大小，清吉平安。

祈福一屋老幼，发财兴旺！

神韵——

庇荫穿的披的，赐福丝绸布匹。

养好蚕丝蚕虫，养好丝绸蚕儿。

养在大筛大簸，卧满大床大铺。

吃桑长身,吃叶壮体。

又白又胖,又大又好。

结茧满天满地,结颗满枝满丫。

好蚕好丝,好绸好缎。

绫罗装满大箱大柜,绸缎装满大仓大库。

夏天穿不尽绫罗绸缎,冬天穿不完棉衣棉套。

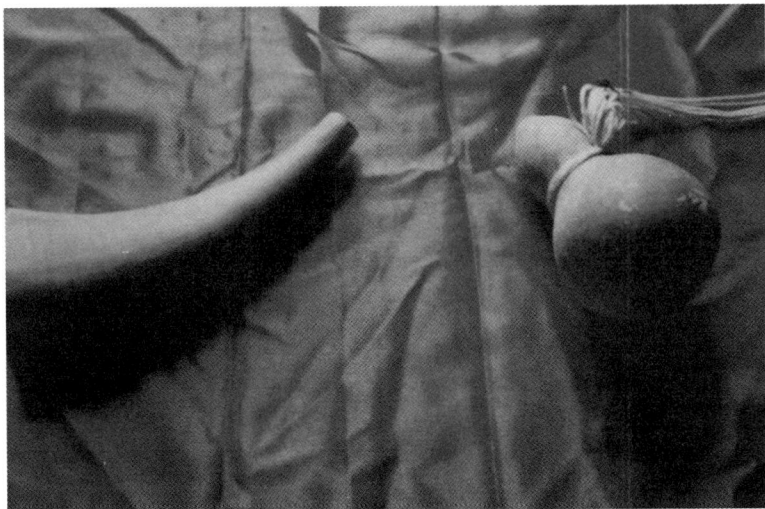

祭祀用的牛角杯和葫芦(石金津摄)

保佑福寿(三)

神韵——
留气一家大小、
年头清吉,年尾平安。
年头清吉居得生气,年尾平安坐得长命。
热天吃菜一锅、不许有病有疾,
冷天吃饭一甑,不许有病有患。
女儿多如塘内莲藕,男儿多似柜内碗堆。
撵肉要送登坡,放狗要送登岭。
居来不送冷屋冷房,坐来不送冷房冷宅。
居来热闹家中如同鼓响,坐来响动宅内好似鼓鸣。
留气一家大小、
居来光宗耀祖,坐来荣母耀父。
居如古老大岩,坐如古老大树。
居如大川大坝,坐如高山大地。
保得一家大小、完全皆得长寿,
佑得一屋老幼、完全皆得洪福。
留气要留长命富贵,赐福要赐齐天洪福。
长气居得千年,洪福坐过百岁。
留气千年、长气居得千年,
赐福百岁、洪福坐过百岁。
不落不脱,不松不掉。

神韵——
留气家中银财,佑福屋内金宝。
好金好银,好钱好财。
好金好银满罐满坛,好钱好财满手满得。
首饰大好大块,银饰大好大套。
长的短的,美的华的。

发光发亮，衣丰食足。

白财涌来三路四道进家，大宝涌来三路四道五方进门。

财来也是白财，宝来也是富价。

左路涌钱来加，右道涌财来添。

保得家中银财、保在家中银仓、完全皆得盈满，

佑得户内金宝、佑在户内金库、完全皆得盈登。

留气要留长命富贵，赐福要赐齐天洪福。

长气居得千年，洪福坐过百岁。

留气千年、长气居得千年，

赐福百岁、洪福坐过百岁。

不落不脱，不松不掉。

神韵——

留气六畜牛马，佑福养牲群畜。

六畜牛马满栏满殿，养牲群畜满群满帮。

成群结队，成帮成坨。

水牯牛群，狗群猪群。

驴群马群，羊群畜群。

水牯卧在栏中，如同大岩大石。

黄牛卧在栏内，好似林木竹园。

不要喂食自大自长，不要喂料自肥自壮。

老牛老了过去，新牛马上替换。

一栏关驴、九栏十栏关驴，

一栏关进、九栏十栏关进。

牛只要送发旺，畜群要送发登。

保得水牯牛群、保在栏中、完全皆得满栏，

佑得羊群猪群、佑在圈内、完全皆得满圈。

留气要留长命富贵，赐福要赐齐天洪福。

长气居得千年，洪福坐过百岁。

留气千年、长气居得千年，

赐福百岁、洪福坐过百岁。

不落不脱，不松不掉。

神韵——

留气喝的吃的，佑福食的饱的。

年头吃剩吃发，年尾吃饱吃肥。

谷财米财，糯财粘财。

谷财吃甜，米财喝蜜。

开春人拿去播去撒，开年人拿去播去种。

播去土中、去生千苑千丛，

种去土内、去恒百株百对。

五月锄禾锄得完好，六月中耕耕得满遍。

土中没有异物杂草，地内没有异类杂物。

色青悠悠满坡，色亮油油遍岭。

主家耕者上午去看如同森林，

田地主人下午去望好似竹园。

缺了要补来加，少了要栽来添。

七月熟了，八月熟透。

谷粒壮如冰雹，米粒白似冰雪。

谷财见筐莫惊，米财见箩莫怕。

见筐跑进筐居，见箩跑进箩坐。

见筐涌进筐中，见箩涌进箩内。

送人抬谷急急回转，背米忙忙回程。

抬谷来装两个三个屋前谷仓，

背米来装屋边两重三重米库。

仓底装实装满，仓盖装满装盈。

千人也吃不完存谷，百众也吃不了存米。

保得家中谷财、

保在家中前仓、完全皆得装满，

佑得家内米财、

佑在家内后库、完全皆得装盈。

留气要留长命富贵，赐福要赐齐天洪福。

长气居得千年，洪福坐过百岁。

留气千年、长气居得千年，

赐福百岁、洪福坐过百岁。

不落不脱，不松不掉。

神韵——

留气穿的暖体，佑福布匹布缎。

绫罗绸缎，绸缎细布。

穿有剩的，戴有余的。

保气蚕儿蚕虫，佑福蚕丝蚕绸。

三簸白如大颗糯米，三筛亮似大颗米粒。

吃桑如同撒冰，吃叶好以下雪。

爬遍枝丫上面，坐遍枝丫上头。

结茧如同大果，结球密似葡萄。

让人小锅来煮，大锅来热。

得丝得钱，得绸得财。

保得蚕儿蚕虫、

保在纸片、完全皆得丰果，

佑得蚕丝蚕绸、

佑在布帛、完全皆得丰足。

留气要留长命富贵，赐福要赐齐天洪福。

长气居得千年，洪福坐过百岁。

留气千年、长气居得千年，

赐福百岁、洪福坐过百岁。

不落不脱，不松不掉。

神韵——

留气天降百宝，佑福地生百财。

送来甜甜蜜蜜，赐来成堆成帮。

来那蜂蜜白财，居来有蜜有蜡。

得那蜜财糖财，坐来有浆有力。

居在木桶之中，坐在蜂桶之内。

白天飞出如同下冰，黄昏归巢好似下雪。

整日去采村头花汁，整天去采野外花糖。

九月来到，十月来临。

人们择日取蜜，择吉取糖。

小锅来煮，大锅来熬。

溶汁如同溶冰，溶糖好似溶雪。

装盆满盆，装桶满桶。

千人也喝不完蜜糖，百众也吃不尽白财。

保得蜂蜜白财、

保在木桶之中、完全皆得装满，

佑得蜂蜜糖财、

佑在蜂桶之内、完全皆得装登。

留气要留长命富贵，赐福要赐齐天洪福。

长气居得千年，洪福坐过百岁。

留气千年、长气居得千年，

赐福百岁、洪福坐过百岁。

不落不脱，不松不掉。

"椎牛"仪式中敬九呈九献酒肉的场景（周建华摄）

十九
交牲(以吃猪为例)

【简述】

    交牲又叫作交生,即把活生生的供牲(猪、羊或牛等)交给神灵。按照祭祀的规定,凡是要用牲口来祭神的仪式,都要有交生交死的两个环节,在未打杀之前必先要交生,打杀之后还要交死(把供牲死魂牵去交给神灵)。交生之时,要把供牲牵到祭坛前,捆好四肢后钉在地上,交牲之后让舅爷当场打杀。

    交牲的程序包括请师、修路、喂猪水、送猪交去神界殿堂内的猪圈里,然后回到凡间打杀、修毛净身、开膛破肚、洗净切割、下锅煮熟、上串呈敬等。

喂猪水

神韵——

吾本弟子、一番站到供桌之边，

二番三番站到供桌之边。

我这师郎、一次站到供案之旁，

二次三次站到供案之旁。

站到供桌之边，要把供猪去交。

站到供案之旁，要把供猪去送。

祖师你们随前随后，宗师你们随左随右。

若是吾交不到，弟子的千位祖师助交送到。

若是我送不达，师郎的百位宗师帮我送达。

吾交不让掉在九条路途，我送不让落在十岔路尾。

吾交就要交到，我送就要送达。

神韵——

我这弟子、左手拿得木瓢有水，

吾本师郎、右手拿得木瓢有饭。

一头大猪肥猪，一只好猪供猪。

一番渴水今来给你水喝，

二番三番渴水今来给你水喝。

一次饿饭今来送你饭吃，

二次三次饿饭今来送你饭吃。

要吃送饱，要喝送足。

送你上坡得到，让你下山得达。

人打莫怪吾本弟子，人杀莫怨我这师郎。

一家大小、少气用你去换生气儿气，

一屋老幼、少福拿你来换洪福长寿。

天天我达、莫在九条路途相骂，

日后我上、莫在十岔路道相害。

天天我达、少气帮助加气洪福来加，
日后我到、少寿帮助添寿长寿来添。

祭祀祖神的供猪(石国鑫摄)

请祖师

神韵——
奉请五方土地、六路龙神、鱼神肉神，
弟子的千位宗师、百位祖师。
三千祖师交钱、查名齐来齐到，
三百度纸宗师、点字齐到齐临。

神韵——
要唱一首的歌，要讲一轮的话。
要理一层的根，要寻一道的基。
一首的歌要唱藏身，一轮的话要说保命。

神韵——
弟子来了要请宗师，师郎到了要请祖师。
宗师坐在家中祖坛，祖师坐在家内祖殿。
要烧宝香去请，要用香烟去迎。
虔诚焚烧纸团宝香，虔诚奉请弟子的千位祖师。
虔诚烧起蜂蜡宝烟，虔诚奉迎师郎的百位宗师。
焚烧蜂蜡糠火，纸团宝香。
千神没有来请，百祖没有来迎。
要来奉请——
祖太共米、共甲、
仕官、首贵、明章、巴高、
国锋、明鸿、仕贵、后宝。
祖太光朱、勇贤、光三、老七、跃恩、
席玉、江远、林华、老苟、共四、老弄、
千有、天财、进荣、腾兰。
祖太强贵、隆贵、光合、冬顺、得水。
叔公双全、祖公长先。

外祖大大、二哥……
三十一代祖师，三十二代弟子。
三千祖师交钱、查名皆齐皆遍，
三百度纸宗师、点字皆遍皆全。
闻我奉请暂离上天大堂，听我奉迎暂别天宫大殿。
暂离家中祖坛，暂别家内师殿。
暂离三十三块布条，暂别三十三块布幔。
暂离香炉，暂别香碗。

神韵——
三咏神腔、来到信士祭祖场中，
三吟神韵、来临户主敬神堂内。
来到安享纸团宝香，来临安受蜂蜡糠烟。
拥护吾本弟子，守护我这师郎。
同日有请你们莫起，同时有奉你们莫去。

主人有纸钱冥币，纸帛冥钱。
不烧是纸是帛，烧了是钱是财。
得财拿去共分，得钱拿去共用。
收在金仓银仓，入在金库银库。
你们要和弟子交钱，都要与吾师郎度纸。
拥在左边，护在右旁。
交钱得到，度纸得达。
收起我的正魂本命，三魂七魄。
收在一十二个深洞之中，藏在一十二个好洞之内。

清修路道

神韵——
奉请五方土地、六路龙神、鱼神肉神，
弟子的千位宗师、百位祖师。
三千祖师交钱、查名齐来刘到，
三百度纸宗师、点字齐到齐临。

神韵——
要唱二首的歌，要讲二轮的话。
要理二层的根，要寻二道的基。
二首的歌要唱修路，二轮的话要说修道。

奉请五方土地、六面龙神、鱼神肉神，
弟子的千位祖师，尊贵的百位宗师。
修路要交一头大猪肥猪，修道要送一头供猪好猪。

神韵——
一番神腔、修到鱼神堂中，
一次神韵、修到肉神堂内。
路窄要修送宽，路差要修送好。
路陡要修送平，路弯要修送直。
烂路要修送光，凹凸要修送平。
鱼神龙神你们紧守，肉神土地你们把住。
要收孤魂子子，魑魅魍魉。
从前夭折没有人理，过去死绝没有人敬。
搬去大岩不准挡路，要铲大石不许阻道。
要砍大刺不准来牵，要割大藤不准来缠。
搬去两边，移去两旁。
恶风不许来吹，细雨不准来淋。

凶神不准当道，恶魂不许挡路。

祖师你们用心把关，宗师你们用力把住。

修路要交大猪肥猪，修道要送供猪好猪。

二番神腔、修到先祖堂中，

二次神韵、修到先亡堂内。

路窄要修送宽，路差要修送好。

路陡要修送平，路弯要修送直。

烂路要修送光，凹凸要修送平。

祖公祖婆你们紧守，先母先父你们把住。

要收孤魂子孓，魑魅魍魉。

从前夭折没有人理，过去死绝没有人敬。

搬去大岩不准挡路，要铲大石不许阻道。

要砍大刺不准来牵，要割大藤不准来缠。

搬去两边，移去两旁。

恶风不许来吹，细雨不准来淋。

凶神不准当道，恶魂不许挡路。

祖师你们用心把关，宗师你们用力把住。

修路要交大猪肥猪，修道要送供猪好猪。

神韵——

三番神腔、修到最古的女的本家本宅，

三次神韵、修到最老的男之本堂本殿。

路窄要修送宽，路差要修送好。

路陡要修送平，路弯要修送直。

烂路要修送光，凹凸要修送平。

祖公祖婆你们紧守，先母先父你们把住。

要收孤魂子孓，魑魅魍魉。

从前夭折没有人理，过去死绝没有人敬。

搬去大岩不准挡路，要铲大石不许阻道。

要砍大刺不准来牵，要割大藤不准来缠。

搬去两边，移去两旁。

恶风不许来吹，细雨不准来淋。

凶神不准当道，恶魂不许挡路。

祖师你们用心把关，宗师你们用力把住。

修路要交大猪肥猪，修道要送供猪好猪。

修路已毕，修道已完。

神韵——

道路整修已好，路途整修已毕。

路道修得又宽又平，路途修得又直又好。

修路要交大猪肥猪，修道要送供猪好猪。

我们交牲得到，我们送猪得达。

交猪

神韵——
奉请五方土地、六路龙神、鱼神肉神,
弟子的千位宗师、百位祖师。
三千祖师交钱、查名齐来齐到,
三百度纸宗师、点字齐到齐临。

神韵——
要唱三首的歌,要讲三轮的话。
要理三层的根,要寻三道的基。
三首的歌要唱交牲,三轮的话要说送猪。

弟子来了要请宗师,师郎到了要请祖师。
宗师坐在家中祖坛,祖师坐在家内祖殿。
要烧宝香去请,要用香烟去迎。
虔诚焚烧纸团宝香,虔诚奉请弟子的千位祖师。
虔诚烧起蜂蜡宝烟,虔诚奉迎师郎的百位宗师。
焚烧蜂蜡糠火,纸团宝香。
千神没有来请,百祖没有来迎。
要来奉请——
祖太共米、共甲、
仕官、首贵、明章、巴高、
国锋、明鸿、仕贵、后宝。
祖太光朱、勇贤、光三、老七、跃恩、
席玉、江远、林华、老苟、共四、老弄、
千有、天财、进荣、腾兰。
祖太强贵、隆贵、光合、冬顺、得水。
叔公双全、祖公长先。
外祖大大、二哥……

三十一代祖师，三十二代弟子。
三千祖师交钱、查名皆齐皆遍，
三百度纸宗师、点字皆遍皆全。
闻我奉请暂离上天大堂，听我奉迎暂别天宫大殿。
暂离家中祖坛，暂别家内师殿。
暂离三十三块布条，暂别三十三块布幔。
暂离香炉，暂别香碗。

神韵——
三咏神腔、来到信士祭祖场中，
三吟神韵、来临户主敬神堂内。
来到安享纸团宝香，来临安受蜂蜡糠烟。
拥护吾本弟子，守护我这师郎。
同日有请你们莫起，同时有奉你们莫去。

主人有纸钱冥币，纸帛冥钱。
不烧是纸是帛，烧了是钱是财。
得财拿去共分，得钱拿去共用。
收在金仓银仓，入在金库银库。
你们要和弟子交钱，都要与吾师郎度纸。
拥在左边，护在右旁。
交钱得到，度纸得达。
收起我的正魂本命，三魂七魄。
收在一十二个深洞之中，藏在一十二个好洞之内。

腔韵——
吾本弟子、一番站到堂屋，
我这师郎、一次站临神坛。
一番要来牵这大猪肥猪堂屋去交，
一次要来赶这供猪好猪中堂去送。
祖师在前牵着猪头去交，宗师在后赶着猪脚去送。
祖师帮交，宗师帮送。

腔韵——
一番一轮神腔、上达鱼神堂中，
一次一番神韵、上到肉神堂内。
鱼神你们在前牵着猪头去交，
肉神你们在后赶着猪脚去送。
祖师帮交，宗师帮送。

腔韵——
一番二轮神腔、上达先祖堂中，
一次二番神韵、上到先宗堂内。
祖公祖婆在前牵着猪头去交，
祖母祖父在后赶着猪脚去送。
祖师帮交，宗师帮送。

腔韵——
一番三轮神腔、上达最古女祖的猪栏猪圈，
一次三番神韵、上到最老男宗的猪圈猪栏。
猪栏也得关猪，猪圈也得关进。
一栏来关大猪肥猪、九栏来关大猪肥猪，
一圈来关供猪好猪、九圈来关供猪好猪。

一番我要奉请五方土地，
一次我要奉迎六面龙神、鱼神肉神，
弟子的千位祖师，尊贵的百位宗师。
闻我之声齐皆驾赴纸团糠香，
听我之音皆驾赴蜂蜡糠烟。
弟子收紧长寿生气，师郎紧藏子孙洪福。

神韵——
一番三轮神腔、回到凡间，
一次三番神韵、转到凡尘。
回来长寿生气我带满体，
转到子孙洪福我收我藏我带满身。

神韵——

一头大猪肥猪，供猪好猪。

有气让人去打，有命让人去杀。

送人用火烧身，用焰烧毛。

冷水洗净，雨水洗明。

洗得干净，刷得明亮。

锅中煮好，甑内蒸熟。

凡间有人打理供鱼，凡尘有众料理供肉。

人们切肉大似磨岩，倒酒如那水流。

做成七签七串，七串七筷。

前胸后膀，头肝尾肺。

一笼的肝，一块的肺。

槽血块血，块血猪血。

挂在门后的前腿，吊在门闩的忌肉。

有口敬来给喝，有嘴请来送吃。

你们稍等，敬请稍候。

腔韵——

吾本弟子、二番站到堂屋，

我这师郎、二次站临神坛。

二番要来牵这大猪肥猪堂屋去交，

二次要来赶这供猪好猪中堂去送。

祖师在前牵着猪头去交，宗师在后赶着猪脚去送。

祖师帮交，宗师帮送。

腔韵——

二番一轮神腔、上达鱼神堂中，

二次一番神韵、上到肉神堂内。

鱼神你们在前牵着猪头去交，

肉神你们在后赶着猪脚去送。

祖师帮交，宗师帮送。

腔韵——
二番二轮神腔、上达先祖堂中，
二次二番神韵、上到先宗堂内。
祖公祖婆在前牵着猪头去交，
祖母祖父在后赶着猪脚去送。
祖师帮交，宗师帮送。

腔韵——
二番三轮神腔、上达最古女祖的猪栏猪圈，
二次三番神韵、上到最老男宗的猪圈猪栏。
猪栏也得关猪，猪圈也得关进。
一栏来关大猪肥猪、九栏来关大猪肥猪，
一圈来关供猪好猪、九圈来关供猪好猪。

二番我要奉请五方土地，
二次我要奉迎六面龙神、鱼神肉神，
弟子的千位祖师，尊贵的百位宗师。
闻我之声齐皆驾赴纸团糠香，
听我之音齐皆驾赴蜂蜡糠烟。
弟子收紧长寿生气，师郎紧藏子孙洪福。

神韵——
二番三轮神腔、回到凡间，
二次三番神韵、转到凡尘。
回来长寿生气我带满体，
转到子孙洪福我收我藏我带满身。

神韵——
一头大猪肥猪，供猪好猪。
有气让人去打，有命让人去杀。
送人用火烧身，用焰烧毛。
冷水洗净，雨水洗明。
洗得干净，刷得明亮。

锅中煮好，甑内蒸熟。

凡间有人打理供鱼，凡尘有众料理供肉。

人们切肉大似磨岩，倒酒如那水流。

做成七签七串，七串七筷。

前胸后膀，头肝尾肺。

一笼的肝，一块的肺。

槽血块血，块血猪血。

挂在门后的前腿，吊在门闩的忌肉。

有口敬来给喝，有嘴请来送吃。

你们稍等，敬请稍候。

腔韵——

吾本弟子、三番站到堂屋，

我这师郎、三次站临神坛。

三番要来牵这大猪肥猪堂屋去交，

三次要来赶这供猪好猪中堂去送。

祖师在前牵着猪头去交，宗师在后赶着猪脚去送。

祖师帮交，宗师帮送。

腔韵——

三番一轮神腔、上达鱼神堂中，

三次一番神韵、上到肉神堂内。

鱼神你们在前牵着猪头去交，

肉神你们在后赶着猪脚去送。

祖师帮交，宗师帮送。

腔韵——

三番二轮神腔、上达先祖堂中，

三次二番神韵、上到先宗堂内。

祖公祖婆在前牵着猪头去交，

祖母祖父在后赶着猪脚去送。

祖师帮交，宗师帮送。

腔韵——
三番三轮神腔、上达最古女祖的猪栏猪圈，
三次三番神韵、上到最老男宗的猪圈猪栏。
猪栏也得关猪，猪圈也得关进。
一栏来关大猪肥猪、九栏来关大猪肥猪，
一圈来关供猪好猪、九圈来关供猪好猪。

三番我要奉请五方土地，
三次我要奉迎六面龙神、鱼神肉神，
弟子的千位祖师，尊贵的百位宗师。
闻我之声齐皆驾赴纸团糠香，
听我之音齐皆驾赴蜂蜡糠烟。
弟子收紧长寿生气，师郎紧藏子孙洪福。

神韵——
三番三轮神腔、回到凡间，
三次三番神韵、转到凡尘。
回来长寿生气我带满体，
转到子孙洪福我收我藏我带满身。

神韵——
一头大猪肥猪，供猪好猪。
有气让人去打，有命让人去杀。
送人用火烧身，用焰烧毛。
冷水洗净，雨水洗明。
洗得干净，刷得明亮。
锅中煮好，甑内蒸熟。
凡间有人打理供鱼，凡尘有众料理供肉。
人们切肉大似磨岩，倒酒如那水流。
做成七签七串，七串七筷。
前胸后膀，头肝尾肺。
一笼的肝，一块的肺。
槽血块血，块血猪血。

挂在门后的前腿，吊在门闩的忌肉。
有口敬来给喝，有嘴请来送吃。
你们稍等，敬请稍候。

腔韵——
一头大猪肥猪，一头供猪好猪。
我们去交也到，我们去送也达。
大猪肥猪，去交没有掉在九条路头。
供猪好猪，去送没有落在十岔路尾。
病者好了病体，病人脱了病患。
吃菜甜嘴养育身体，吃饭香口养育血肉。
上山得到山顶，下地得力到位。
敬了便得长气，祭了使得长寿。
千年没有凶兆家中，百岁没有怪异家内。
清吉居得千年，平安坐过百岁。
去寻大钱也来，去找横财也到。
致富富得千年，发家好过百岁。

捆在椎牛花柱上的黄牛（石开森摄）

图书在版编目（CIP）数据

汉译苗师通鉴. 第一册 / 石寿贵编. —长沙：中南大学出版社，2022.11

（湘西苗族民间传统文化丛书. 三）

ISBN 978-7-5487-0794-3

Ⅰ. ①汉… Ⅱ. ①石… Ⅲ. ①苗族－祭文－汇编－湘西土家族苗族自治州 Ⅳ. ①K892.22

中国版本图书馆 CIP 数据核字（2021）第 277979 号

汉译苗师通鉴（第一册）

HANYI MIAOSHI TONGJIAN（DI-YI CE）

石寿贵　编

□出 版 人	吴湘华	
□责任编辑	刘　莉	
□责任印制	唐　曦	
□出版发行	中南大学出版社	
	社址：长沙市麓山南路	邮编：410083
	发行科电话：0731-88876770	传真：0731-88710482
□印　　装	湖南省众鑫印务有限公司	

□开　　本	710 mm×1000 mm 1/16	□印张 14.25	□字数 249 千字	
□版　　次	2022 年 11 月第 1 版	□印次 2022 年 11 月第 1 次印刷		
□书　　号	ISBN 978-7-5487-0794-3			
□定　　价	143.00 元			

图书出现印装问题，请与经销商调换